El monstruo en mi cama

Cómo dejar de ser su víctima

Eduardo López-Navarro

EDITORIAL
PAX

EL LIBRO MUERE CUANDO LO FOTOCOPIAN

COORDINACIÓN EDITORIAL: Matilde Schoenfeld
CUIDADO DE EDICIÓN: Sagrario Nava
PORTADA: Lourdes Ortiz

© 2008 Editorial Pax México, Librería Carlos Cesarman, S.A.
Av. Cuauhtémoc 1430
Col. Santa Cruz Atoyac
México DF 03310
Teléfono: 5605 7677
Fax: 5605 7600
editorialpax@editorialpax.com
www.editorialpax.com

Primera edición
ISBN 978-968-860-934-7
Reservados todos los derechos
Impreso en México / *Printed in Mexico*

Índice

No será sino hasta que te mires
al espejo y veas reflejada,
no tu imagen, sino la esencia
de la humanidad, cuando habrás
logrado encontrarte a ti mismo.

Agradecimientos

Se cuenta que mientras más oscura es la noche, más brillan las estrellas. Y lo menciono porque quiero hacer público mi agradecimiento a todas las personas que, como estrellas brillantes y luminosas, han alumbrado mis noches y mis días. Gracias a cada una de ellas, he podido mantenerme con los pies bien firmes en la tierra y con mi corazón en la mano.

A mi madre Alicia López, por el privilegio de ser su hijo, y a mi familia por siempre decir: "Presente". A Mario Carrillo por sus 143 esfuerzos para mantenerme enfocado. A mi hermano Luis López y su (mi) familia, Coco, Alix, Sebastián y Xavier, quienes me dan raíces. A mi tío Jorge Navarro, por su constante ayuda en la corrección de este libro. A mi primo Luis M. Navarro por sus grandes momentos de inspiración.

A mi amiga Priscila Harfush, por su profesionalismo y su gran conocimiento; su amistad es como una rosa en el mar: difícil de encontrar. Con todo mi cariño a Luz María Briseño, quien reafirmó en mí el significado de la amistad. A Santiago Nieto por creer en mí y soportar tantas molestias. Al arquitecto Gerardo Gally Thomforde, porque creyó en mí y me abrió las puertas de Editorial Pax México. A Sagrario Nava por su enorme paciencia, por su grandísimo apoyo y por ser siempre tan enérgica y entusiasta; es un placer trabajar con ella. A mi querida Matilde Schoenfeld Liberman, mi editora, por su paciencia, el ánimo que me dio y los retos que me impuso. He aquí el resultado.

A cada una de las personas que por medio de sus dudas, preocupaciones y sufrimiento, han llegado a mi vida buscando luz y, a la vez, iluminando mi firmamento. A mi adorado padre Eduardo López, a mi abuelo Luis A. Navarro y a mi abuela Dolores Navarro, quienes alumbran mi vida desde el cielo con la luz más brillante que existe y quienes además iluminan mi corazón con el amor más profundo.

A Dios por ser mi todo. A cada uno de ustedes, dedico este libro.

Introducción

Según cuentan las leyendas, los monstruos se esconden en pasillos oscuros y callejones solitarios a la espera o en busca de víctimas inocentes. Por siglos, estos predadores han ido perfeccionando sus estrategias y métodos de seducción; además, han creado tediosamente un perfil de sus víctimas claro y preciso, singular y específico; su meta: atraparlas.

Sin duda, reconocemos la presencia mística y seductora del vampiro. Figura alta, delgada, sensual, ojos penetrantes, llenos de pasión y deseo. Con una sola mirada, con una suave invitación de sus manos y con el arrogante ondeo de su capa, apresa a su víctima. Lo que parece una seducción sofisticada, termina en la extracción de la dignidad y el deseo de vivir de su víctima.

En la dualidad de emociones, y con la furia indomable de siglos, sentimos la atracción del peligro palpable del hombre lobo. En la notable metamorfosis de un hombre en bestia, y en el fenómeno de la pérdida de control, encontramos el peligro manifestado en un ser que sólo momentos antes te brindaba su mano en señal de apoyo y amor, y ahora la utiliza para desgarrar tu alma y tu corazón.

Con su sonrisa burlona, y entre hechizos y conjuros, se encuentra la figura encorvada y lúgubre de la bruja. Aunque a veces su apariencia externa es de bondad y belleza, ésta oculta la perversidad de un ser controlador, manipulador y acostumbrado a alcanzar cada uno de sus propósitos por medio de engaños, trucos y falsedades.

Forzada a permanecer y a vagar eternamente por el mundo sin rumbo o destino, sin propósito o fin, el alma perdida lamenta su triste existencia a través de los siglos. En cada víctima encuentra una identidad temporal; robándole su autoestima, se adueña de sus valores, creencias y esencia personal. Amigo y enemigo, salvación y traición, el alma perdida envuelve a su víctima en confusión, inestabilidad y en un mundo sin esperanzas.

Lo sentimos, pero la mayoría de las veces no lo vemos. Se palpa su frialdad y su falta de expresión. Ausente en situaciones importantes, presente de forma inesperada y muchas veces hirientes, el fantasma te arrastra a un punto de comienzos sin fin, de situaciones sin soluciones, y justo en el momento en que más lo necesitas, desaparece de tu vida sin dejar rastro alguno; no deja respuestas, sólo frialdad y desolación.

Tal vez no reconocidos como monstruos tenebrosos, existe un grupo de seres y entidades que, en su momento, entran a nuestras vidas causando daños y heridas profundas. La araña es uno de éstos. Con su red de mentiras, juegos y engaños, nos envuelve en falsedades cuyo fin es el cumplimiento de sus propios deseos y objetivos. Coleccionista por excelencia, mantiene a sus víctimas a su disposición y luego los descarta. Silenciosa y calculadora, la araña es temible y carece de misericordia; su designio: encontrar y atrapar víctimas.

Lentamente y con certeza, la boa se arrastra y entra en tu mundo, limitándote, inmovilizándote, oprimiéndote hasta que te tiene bajo su total control y dominio. No importa dónde te escondas, no importa dónde vayas, se guía por el leve sonido de tu respiración para encontrarte y privarte de tu libertad.

Pegajosa y entrometida, la mosca persigue constantemente a su víctima, con el fin de intervenir en sus asuntos personales. Muchas veces sabes que está ahí, pero no la puedes ver. El sonido de sus alas atormenta, y aunque logres espantarla, siempre regresa a su ardua tarea.

Gracioso, juguetón y travieso, su sonrisa y personalidad jovial nos atrae. Detrás de ropas de colores llamativos y exagerados, detrás de chistes y maromas, el misterioso payaso se mantiene aislado en su propio mundo. Su depresión se enmascara con una risa falsa, la cual utiliza para acentuar las debilidades de aquellos que lo rodean, especialmente seres amados. Entre bromas y chistes, intercala puñaladas al corazón.

Elegantes, provocativos y refinados, don Juan y Cleopatra tienen la capacidad innata de despertar las emociones de los demás. Aunque aparentan ser personas apasionadas e intensas, sus inseguridades y debilidades personales al cabo del tiempo encuentran escape y se desenmascaran, traduciéndose en falta de respeto y, de hecho, en traición a la persona que supuestamente aman.

El súper hombre o la súper mujer llega a nuestras vidas a rescatarnos de todos nuestros problemas y dificultades. Nos llena de seguridad, ofreciendo todo a cambio de nada. Sin embargo, en poco tiempo muestra su verdadera personalidad: ambos añoran reconocimiento, glorificación, devoción y lealtad incondicional, sin importar costo o sacrificio.

Según cuentan las leyendas, estos monstruos de países lejanos habitan en pequeños pueblos con calles desiertas hechas de piedras; con noches eternas, frías y lluviosas, cubiertas por densa niebla. Los vampiros aguardan en sus callejones obscuros. El hombre lobo deambula por gigantescos bosques y las brujas se ocultan en casas encantadas. Sin embargo, no todos los monstruos existen sólo en leyendas ni moran únicamente en países lejanos. La mayoría de los monstruos son como tú y yo, y viven entre nosotros: son los compañeros de trabajo y nuestros vecinos; son el cartero, un amigo, el carnicero, o los miembros de nuestra propia familia. Más preocupante aún, estos monstruos suelen ser las personas con quienes compartimos nuestra cama.

Te invito a descubrir los monstruos que hay en tu vida y las características de las personas que los atraen.

Cuando pienses que se te está acabando el tiempo,
detente por un instante y recuerda que mañana será
un nuevo día, en el que la vida te regala
una nueva oportunidad.
No la dejes pasar, ¡aprovéchala!

capítulo 1

¿Y tú, quién eres?

Nada sucede por casualidad. Muchas veces revivimos una cadena continua y repetitiva, donde vamos encontrando y atrayendo a nuestras vidas al mismo tipo de persona. Y nos preguntamos: "¿Por qué estas personas nos persiguen?" La mayoría de nosotros llegamos a pensar que la razón es externa a uno mismo. Atribuimos la responsabilidad de esta situación a la otra persona. "Son ellos los que, dándose cuenta de nuestra nobleza y de nuestros buenos sentimientos, se aprovechan." Lo importante es comprender la forma en que fuimos criados, el modo como la sociedad influyó sobre nosotros, nuestra predisposición genética y nuestro propio yo, pues todo esto crea y moldea lo que al cabo llegamos a ser. Pero en la misma forma, con el paso de los años, la transformación y reestructuración de las influencias de la familia, de la sociedad, de la genética, al igual que nuestras características y diferencias individuales, continúan influyendo y hasta determinando nuestra identidad. Somos seres vivientes y, por lo tanto, en constante crecimiento y desarrollo. ¿Cuándo dejamos de crecer? ¿Cuándo llegamos a nuestra meta? ¡Jamás! El día en que dejamos de crecer y evolucionar es el día en que morimos; y no podemos afirmar con certeza que entonces dejamos de crecer, que no continuamos nuestro desarrollo y evolución en otro nivel. Es este continuo crecimiento lo que nos mantiene en desarrollo todo el tiempo.

El reconocimiento de que cada uno de nosotros es responsable de sus decisiones y elecciones, de su futuro, nos coloca en una posición de poder y de control. Hacernos plenamente responsables de nosotros mismos, de la propia vida, nos entrega, en situación de libertad, el control de nuestras vidas. Este poder nos permite elegir entre diferentes opciones, descartar las cosas que ya no necesitamos y se han vuelto obsoletas en nuestras vidas; nos permite equivocarnos y poder corregir los errores. En cambio, al depositar la responsabilidad de nuestras acciones en cosas, acontecimientos y situaciones externas a nosotros, perdemos ese control y nos convertimos, no en personas con capacidad de reflexión y elección, sino en víctimas de nuestras vidas.

Si aceptas tu responsabilidad en lo que te sucede, estás en control. Si estás en control, tienes capacidad de cambio. Si puedes cambiar, puedes reestructurar el camino de tu vida. Al hacerlo, no habrá barreras que te detengan, sino oportunidades y retos que te llevarán a un mayor crecimiento y desarrollo personal.

Antes de proseguir, es importante que identifiques qué tipo de persona eres tú. Recuerda que es tu personalidad o carácter lo que determina qué tipo de persona atraes. Completa el siguiente cuestionario con la mayor honestidad posible. Cuando termines, no busques las respuestas; sólo sigue tu lectura y quizá identifiques por ti mismo no sólo el tipo de persona al que perteneces, sino también al(los) tipo(s) de monstruo(s) que atraes. Coloca una paloma (✓) al lado izquierdo de la frase que describa tu forma de ser; marca todas las que te correspondan y se apliquen a ti.

▣ ▣ ▣

CUESTIONARIO

Serie 1

- ☐ Me considero aburrido(a).
- ☐ No me considero atractivo(a).
- ☐ Los demás tienden a aprovecharse de mí.
- ☐ Soy el "salvador" de los demás.
- ☐ Me sacrifico por otros.

☐ Me entrego totalmente a personas y situaciones.

☐ Luzco bien cuando estoy con personas que son buenas, importantes y elegantes.

Serie 2

☐ Vengo de una familia donde existió abuso (físico, sexual, psicológico o emocional).

☐ Creo que puedo cambiar la forma de ser de otras personas cuando sé que van por mal camino.

☐ Tengo pocas experiencias en relaciones de pareja.

☐ Siento una gran necesidad de sentirme querido(a).

☐ Sé que mi autoestima está baja.

☐ Si alguien me hiere o me hace daño, luego de tratarme bien, lo perdono con facilidad y regreso a la relación nuevamente como si nada hubiera sucedido.

☐ Me gusta complacer a las personas.

☐ Si alguien necesita ser rescatado, ahí estoy yo para hacerlo.

☐ Siento que las personas no reconocen mis acciones positivas.

☐ Confío en las personas con mucha facilidad.

☐ Siempre he vivido una vida muy protegida.

Serie 3

☐ Creo que soy una persona generalmente insegura.

☐ No me gusta tener que tomar decisiones.

☐ Siento más seguridad en mi vida cuando otras personas me indican por dónde ir y qué hacer.

☐ No confío en mí mismo(a).

☐ Me gusta satisfacer las necesidades de los demás, antes que las mías.

☐ Para mi edad, creo que carezco de experiencia.

☐ Me conformo con lo que me toca en la vida, sin necesidad de luchar por más.

☐ Estoy de acuerdo con la frase: "Un poquito es mejor que nada".

Serie 4

☐ Me gusta rescatar.

☐ Si no rescato o ayudo, no soy una buena persona.

☐ Tengo baja mi autoestima.

☐ Todos me buscan por los buenos consejos que doy.

☐ Soy muy sentimental y emocional.

☐ Soy una persona muy romántica.

☐ Deseo que todos piensen que la vida es preciosa.

☐ Me da miedo enfrentar problemas serios.

☐ Me preocupan mucho los problemas de los demás.

Serie 5

☐ Tengo la sensación de que valgo poco.

☐ Muchas personas me usan y luego me abandonan.

☐ Soy algo despistado(a).

☐ Soy algo impulsivo(a).

☐ Tiendo a no medir las consecuencias de mis actos.

☐ A veces actúo sin pensar.

Serie 6

☐ Me siento mal si no tengo personas a mi alrededor.

☐ Me siento bien cuando me siento querido(a).

☐ Cuando los demás me prestan atención, me siento feliz

☐ No es fácil tomar decisiones.

☐ Me siento rechazado(a) con mucha frecuencia.

Serie 7

☐ Me agrada estar solo(a).

☐ Muchas personas me reprochan que me aísle.

☐ Me gusta complacer a las demás personas.

☐ Aunque algo no me agrade, si me piden que lo haga, lo hago.

☐ Me adapto con facilidad a cualquier cosa.

Serie 8

- ☐ Con frecuencia me siento deprimido(a).
- ☐ Me han llegado a acusar de ser muy superficial.
- ☐ Siento que los demás me rechazan.
- ☐ Me siento incómodo(a) con emociones fuertes.
- ☐ Con frecuencia hago chistes, aun en momentos no apropiados.
- ☐ A menudo se hacen chistes a mi costa.

Serie 9

- ☐ Muchas veces me siento infeliz.
- ☐ Me siento inferior a los demás.
- ☐ Frecuentemente siento inseguridad.
- ☐ Me preocupan las apariencias.
- ☐ Sé que si insisto, puedo lograr que otros cambien su forma de ser y hasta su estilo de vida.
- ☐ No me gusta darme por vencido(a).
- ☐ Me gusta que las personas me sigan y me busquen.

Serie 10

- ☐ Me gustaría que mi pareja fuese más maternal/paternal.
- ☐ Me siento mejor cuando tengo a alguien a mi lado que me apoye y me aconseje.
- ☐ En ocasiones, pierdo mi enfoque y dirección.
- ☐ Cambio de ideas con mucha frecuencia.
- ☐ Sufro de varios problemas de salud, pero los doctores no logran encontrar lo que tengo.
- ☐ Se siente bien cuando otros se preocupan por mí y me apapachan.

Serie 11

- ☐ Le temo mucho a la intimidad (cercanía) emocional.
- ☐ No recibí ni amor ni atención durante mi infancia (o muy poco).

☐ Soy hijo(a) de alcohólico(s).

☐ Mis padres fueron agresivos/abusivos entre ellos y hacia mí o mis hermanos(as).

☐ Fui víctima de abuso sexual.

☐ No me valoro como debería.

☐ En mis relaciones, me acerco a la persona y luego me alejo después de un tiempo.

☐ Muchas veces me siento vacío(a).

◻ ◻ ◻

Cuando hayas terminado de responder, no cambies tus repuestas; es mejor seguir adelante con tu primera reacción que con respuestas analizadas y pensadas.

> **Dentro de cada piedra**
> **duerme un cristal, esperando despertar.**

capítulo 2

Que siga la tradición

Llegamos al mundo buscando varias cosas, entre ellas afecto, cariño, pertenecer, ser protegidos y cuidados; deseamos sentir que no estamos solos. Buscamos una extensión de lo que tuvimos durante los nueve meses que duró nuestra gestación. En el vientre materno disfrutamos de paz, la sensación de flotar, de ser tranquilizados por los latidos del corazón de mamá, por sus caricias a su vientre, por su voz dulce, por sus palabras acerca de quiénes seremos y de cómo vamos a ser tratados.

Sin embargo, los padres no siempre están listos para serlo, para tratar a sus hijos como éstos merecen. La formación del carácter depende en gran parte del modo como nuestros padres nos criaron. Existen personas que no recibieron cariño de sus padres y que, por eso mismo, no saben cómo dar cariño a sus propios hijos. Ésta es la cadena de transmisión intergeneracional, donde enseñamos a nuestros hijos las cosas que nos enseñaron a nosotros, tanto las positivas como las negativas. De igual forma, transmitimos las necesidades que tenemos y que no fueron satisfechas. Estas necesidades son muy importantes para el desarrollo emocional del ser humano.

Muchos hombres no saben cómo expresar cariño, afecto, ni cómo dar libre curso a su sensibilidad, porque no recibieron esto de sus padres. Tampoco se les enseñó que la expresión de sentimientos es importante, no sólo para la mujer sino también para el hombre. En muchas culturas, incluida la nuestra, no sólo la expresión masculina de sentimientos como el dolor y la tristeza, sino hasta la misma sensibilidad, son rechazados debido a la idea preconcebida de que "eso no es de hombres." Muchos creen y enseñan que dar muestras de cariño o expresar el dolor emocional, es para las mujeres o los homosexuales. La realidad es muy diferente. Lo que sucede es que los padres socializan a sus hijos varones para no expresar su sensibilidad. Al hombre se le enseña a reprimir sus sentimientos. Así, cuando al cabo del tiempo él también se casa y forma una familia, suele ser descrito por su pareja como "frío, poco expresivo y distante". Esto lleva a la pareja a un importante conflicto; la esposa pide constantemente expresión y sensibilidad, y su esposo le contesta: "Así soy, así me conociste y no voy a cambiar". (Ejercicios 2 y 3.)

Las personas que de niños no recibieron afecto y cariño, crecen con miedo a la intimidad emocional, y experimentan incomodidad cuando establecen relaciones donde son indispensables las expresiones afectivas. Como resultado, se crea una situación a la que llamo "El síndrome del yo-yo". Aquí la persona (digamos el hombre) que le tiene miedo a la intimidad, cuando encuentra a una pareja (una mujer) que requiere un contacto emocional más profundo, da inicio a un baile de cercanía-alejamiento. En el momento en que el hombre comienza a expresar sus sentimientos de afecto, la mujer comienza a desear, pedir y hasta exigir más. Así, de pronto, él llega a un punto donde se siente incómodo por tener que expresar tantos sentimientos (algo que no está acostumbrado a hacer), y de nuevo comienza a alejarse, como forma de manejar su incomodidad. Pero al distanciarse cada vez más, llega a sentir que está perdiendo la relación y, lentamente, comienza otra vez a acercarse. Conforme lo hace, a la mujer le agrada el acercamiento y, por consiguiente, comienza nuevamente a querer una expresión más plena de afecto. Sintiendo la presión y el miedo, el hombre vuelve a alejarse. Lo que se establece aquí es un circulo vicioso de aproximación y alejamiento, de subidas y bajadas, como un yo-yo. Este modo de vivir pone a la pareja en una situación extremadamente incómoda, en un baile que fluctúa entre dos extremos: el miedo y la necesidad. La mujer, como en todo baile de pareja, cumple aquí el papel pasivo: responde y actúa de acuerdo con las acciones y reacciones del hombre, bailando el mismo baile disfuncional, caracterizado por el surgimiento y la represión de las emociones, por las subidas y bajadas del yo-yo; alejándose y acercándose a su pareja, el hombre sobrelleva la relación; y la mujer rige su estado emocional y define sus necesidades según el estado emocional de su pareja, el cual está basado en y afectado por un profundo miedo a la intimidad emocional.

Algo que sucede con frecuencia es que la mujer toma este problema como algo personal, y se atribuye a sí misma la responsabilidad de él. Como resultado, no puede menos que decirse, muy convencida: "No me da cariño porque no me quiere; no me quiere, porque no soy buena persona". Otro de los conceptos que esta persona se crea es: "No me da cariño porque tiene a alguien más". Al personalizar el problema, nos resentimos, nos enojamos, nos frustramos, nos deprimimos y la relación se desintegra.

Para comprender esta situación es necesario referirnos al ciclo de los sentimientos y la depresión. Muchas de las depresiones, cuando no tienen como raíz desequilibrios químicos, están basadas en un dolor o herida emocional del pasado que no se ha expresado ni procesado y que, por lo tanto, no ha sanado. Esto crea una serie de resentimientos. Cuando recibimos una herida emocional y ésta es ignorada, con el tiempo el dolor se fermenta y se convierte en coraje. Cuando sentimos coraje, muchas veces deseamos lastimar o vengarnos de la persona responsable de haber causado el daño. Pero si somos sensibles y tenemos la capacidad de discernir entre lo que está bien y lo que está mal, es inevitable que nos sintamos culpables por nuestro impulso a herir y dañar a una persona que en cierta forma amamos. Así, para no sentir culpabilidad, coraje ni dolor emocional, utilizamos todas nuestras energías para acallar y evadir tales sentimientos. Al quedar sin energías, caemos en la depresión.

Si queremos superar la depresión, lo único que debemos hacer es identificar cuál es (cuáles son) la(s) herida(s) emocional(es) que está(n) causando el coraje, luego procesarla(s) y dejarla(s) ir. Es así como desaparecen el resentimiento, la culpabilidad y, al cabo, las heridas emocionales. Un gran problema surge cuando cargamos estas heridas emocionales no sanadas, y se convierten en coraje. Es aquí, en este nivel, donde tratamos de comunicarnos: he ahí la raíz de la mala comunicación; toda comunicación, cuando nos domina el coraje, es mala comunicación. Sabemos que la comunicación en este nivel significa competencia por el poder; aquí sólo se trata de ver quién gana, quién daña más a quien; quién lanza la pedrada más dolorosa, quién le pega a la otra persona donde más duela. Hacemos esto para darnos tamaño, para desquitarnos, creyendo equivocadamente que así podemos sanar el dolor que cargamos. Esto es un grave error. El coraje destruye y extingue relaciones. La persona corajuda es una persona que carga una enorme bolsa de basura emocional, de heridas emocionales del pasado que necesitan ser procesadas y sanadas. (Ejercicio 1, escucha el CD.) Conectemos esta información con el miedo a la intimidad. Éste se halla directamente relacionado con el hecho de no haber recibido cariño de los padres (esto es una herida emocional). Cuando no recibimos cariño de nuestros padres, nos sentimos rechazados; nos sentimos menos y poco importantes. El cariño, el afecto y el amor son importantísimos y necesarios para un buen desarrollo físico, emocional y psicológico. La carencia de afecto, de contacto físico, de adecuadas relaciones emocionales, causa en la infancia severos daños, entre ellos el miedo a la intimidad.

ADVERTENCIA: Si tú eres una madre o un padre que está teniendo problemas con la expresión de sentimientos, afecto y amor hacia sus hijos, aunque tú no los hayas recibido en tu infancia, *rompe esa cadena.* No la utilices como excusa para no dar cariño. Lo peor que podemos decir es: "Así me conociste. Así soy. No voy a cambiar". Todos tenemos la posibilidad de cambio y de adaptación. Todos somos capaces de reestructurar nuestras vidas y hacer algo positivo con ella. Recuerda que todo en este mundo es una opción. Todos tenemos la capacidad de optar por ser lo que queremos ser. No hay tal cosa como la casualidad. No hay tal cosa como "Así lo quiso el destino", o "Ésa es mi suerte." Cada persona crea su propio destino y su propia suerte. Si sientes que no puedes cambiar es porque no quieres.

Estamos donde estamos, porque ahí queremos estar.

Por lo tanto, si en este momento no quieres dar cariño o afecto a tus hijos o a tu pareja, es porque no quieres y no porque no puedes. Claro que tratar de hacer algo que nunca has hecho o nunca aprendiste a hacer, puede ser difícil. Pero si haces el esfuerzo, lo vas a lograr. El cambio sucede cuando optamos por hacer el esfuerzo para lograr una meta. Desde luego, no pasa de la noche a la mañana; ocurre gradualmente, paso a paso. Lo importante es que pase y que el proceso de crecimiento personal comience. Una vez iniciado, debe de continuar todo el tiempo.

También existen personas que no están preparadas para ser padres. Esto sucede cuando el embarazo no fue planeado. Muchas madres adolescentes comentan sobre su embarazo: "Yo no pensaba que la primera vez que lo hiciera me iba a embarazar". Cuando un embarazo se da en estas condiciones, generalmente las personas no están listas para ser papás. No están dispuestas a dejar de ser jóvenes, o niños. No están listas para dejar de divertirse. No están preparadas para reestructurar sus vidas ni para poner la prioridad en ese niño que viene y no en ellas mismas. Estos niños de pronto se convierten en padres.

Estas personas carecen de la capacidad de dar el cariño apropiado; muchas veces llegan al punto de enojarse con sus hijos por el simple hecho de haber nacido. Se les olvida que el niño no tuvo nada que ver con el proceso que culminó en su creación. La responsabilidad es exclusivamente de los padres. Otras personas no dan afecto o cariño por la sola razón de que no pensaban que un hijo significara tanta responsabilidad y trabajo. Llegan a pensar que es igual que cuidar a una muñeca que se carga y se le da el biberón. Una vez que terminas de jugar, la dejas a un lado y te vas a hacer otra cosa; con los niños no es así. A éstos hay que atenderlos las 24 horas del día. Un niño significa desvelos, pasar una mala noche y tener que ir a trabajar al día siguiente como si nada hubiese pasado. Muchas personas no están listas para asumir tanta responsabilidad. Como resultado, hay distanciamiento y falta de cariño respecto de los hijos; no se les da a éstos el tiempo, el cuidado y el amor que necesitan.

Otras personas no están listas para dejar de ser jóvenes; su opción es la de seguir divirtiéndose, por lo que abandonan la responsabilidad de ser papás. En estos casos, son los abuelos quienes terminan cuidando y criando a los niños, mientras los papás se van a bailar, a jugar, a divertirse. Como resultado, los padres van perdiendo interés en sus hijos, y es el niño el que inevitablemente sufre las consecuencias.

También hay padres cuyas numerosas responsabilidades les impiden estar con sus hijos. La responsabilidad se presenta en diferentes formas. Hay padres que tienen muchas responsabilidades de trabajo, además de la obligación de ganar lo suficiente. Aunque tienen que pagar la renta, comprar alimentos, pagar la gasolina y hasta enviar ayuda económica a sus familiares (estén donde estén), en muchos casos sólo ganan el sueldo mínimo, o aun menos del mínimo. Por lo tanto, terminan consiguiendo más de un empleo para cumplir cabalmente sus responsabilidades económicas. Esto es casi un rasgo típico de los padres solteros. El exceso de responsabilidad absorbe todo su tiempo, incluido el que deberían dedicar a los hijos.

Existen padres que están con sus hijos media hora al día, nada más. O que prácticamente no los ven en absoluto: cuando se van en la mañana a trabajar, el niño no se ha despertado aún, y cuando al fin vuelven a sus casas, el niño ya está dormido. La ausencia física, emocional y psicológica de los padres, influye en el modo como el niño se ve y se siente a sí mismo.

Hay padres que tienen muchas responsabilidades en sus casas; éste es el caso de numerosas mujeres. A menudo tienen que trabajar fuera de casa, cuidar a sus hijos, ayudarlos con las tareas, ir a las juntas escolares, tener en orden la casa, preparar la comida, y asegurarse de que, cuando llegue el esposo, todo esté listo para él. Muchas veces tienen que cuidar al marido como si él también fuera otro niño. El exceso de responsabilidad en la vida de los padres acarrea sufrimiento a los hijos.

Existe un mito que dice que lo que importa es la calidad del tiempo y no la cantidad. Esto no es cierto; importan las dos cosas. Cinco minutos de calidad están bien, pero una hora de calidad está mejor.

Los padres también se frustran cuando llevan una mala relación entre ellos, y muchas veces se desquitan con los hijos. Hay numerosas parejas que no quieren estar juntas, que simplemente comenzaron una relación porque la mujer quedó embarazada, o porque se casaron por presión de los padres, o por muchas otras razones. Como resultado, no quieren estar donde están, y cada cónyuge vive en constante disgusto con el otro. A estas personas muchas veces se les hace más fácil desquitarse con sus hijos que con su pareja, ya que los niños no los van a agredir o a cuestionarlos. Los niños llegan a ser víctimas sin voz y sin capacidad de decisión propia. Los hijos son el blanco perfecto: son inocentes, deben soportar todo lo que los adultos digan o hagan, tienen que respetar a sus padres, están indefensos, no se pueden proteger. Estos padres, en lugar de abandonar a la persona que no aman, abandonan a los hijos.

Todo esto afecta a los niños de muchas maneras. Los hijos llegan a sentirse rechazados cuando no se les da cariño, cuando no se les presta atención porque todo, el trabajo, los amigos o la pareja, es más importante que ellos. Los niños se sienten rechazados, y al sentirse rechazados, se sienten menos. Al sentirse menos, baja la autoestima. Cuando no recibimos cariño de nuestros padres, cuando no nos dedican tiempo y no nos respetan, sufre nuestro concepto propio y esto causa que baje la autoestima.

Si crecemos sin el cariño que necesitamos, sucede algo que es muy interesante: crecemos buscando a personas que reemplacen a nuestros padres y nos den el amor que necesitamos y no recibimos. Si no nos lo dieron nuestros padres, alguien más nos lo tiene que dar. Así, tendemos a juntarnos con cualquier persona que nos haga sentir que nos quiere. Por ejemplo, si alguien se nos queda mirando en la calle, ya pensamos que se enamoró locamente de nosotros y queremos estar con esa persona por el resto de nuestra vida. Tendemos a acaparar, a poseer a la persona para que no se nos vaya. ¿Por qué? Porque cuando encontramos por fin algo que deseamos, que creemos que necesitamos y que nunca antes hemos tenido, no lo queremos perder. Buscamos entonces maneras de amarrarlos. Vamos a una fiesta, alguien del sexo opuesto se porta gentilmente con nosotros y ya queremos averiguar su teléfono y su dirección para enviarle una tarjeta que diga: "Qué bonita es la vida desde que tú estás en el mundo". Cuando al fin encontramos algo que siempre hemos deseado o necesitado, no lo queremos perder. ¿Qué persona cuerda quiere perder a una persona que le da cariño, aceptación y comprensión? Y menos aún una persona con la mente dañada. En consecuencia, buscamos maneras de atarnos a esa persona.

Debemos aceptar una realidad que generalmente preferimos no enfrentar por el temor a ser egoístas: la mayoría de las personas da para recibir y no sólo por dar. Casi todas las personas dan para recibir aceptación, cariño, y que el otro les agradezca la acción con frases positivas. Este reconocimiento nos da valor y levanta nuestra autoestima. Cuando encontramos a una persona que nos proporciona aunque sea un poquito de atención, queremos darle todo tipo de cosas. De repente, acabamos haciendo todo tipo de sacrificios por esa persona. La decepción llega cuando esa persona se cansa y no nos da lo que queremos. Entonces le decimos: "¡Pero si te di todo! ¡Pero si te compré todo! ¡Pero si llené todas tus necesidades!" Lo que queremos decir es: "A pesar de todo lo que te di, tú no me diste nada a cambio. Tú me abandonas. Tú me dejas."

Cuando crecemos sin cariño, tenemos la tendencia a juntarnos con personas en forma indiscriminada. Así, lo que generalmente encontramos es lo opuesto de lo que buscábamos. Encontramos, no a alguien que nos da, sino a alguien que nos quita. Como establecemos a ciegas una relación, no abrimos los ojos, no vemos con claridad quién es la persona que está con nosotros.

Es importante reconocer que para que alguien esté en una posición, tiene que haber otra persona que tenga una posición opuesta y recíproca, esto es un proceso constitutivo; para que alguien dé, tiene que haber alguien que recibe. Para que alguien use, tiene que haber alguien que se deje usar. Por lo tanto, no culpemos a otras personas por las cosas que nosotros mismos permitimos. Es importante asumir la responsabilidad por las cosas que nos suceden; no convertirnos en víctimas ni decir: "Todo lo malo me pasa porque no me quieren, o porque la otra persona es mala". Lo que nos sucede, nos sucede porque lo permitimos. Estás donde estás porque ahí quieres estar. La vida es una serie de opciones. La persona dentro de una relación no saludable está ahí porque quiere y elige estar ahí. Por alguna razón, algo recibe de esa relación. Cuando nos casamos y decidimos "ya no más", entonces salimos de la relación.

Saber que estamos donde queremos estar, es una idea que implica mucho poder. Si estamos donde queremos estar, quiere decir que no hay límites a lo que podemos hacer. Si nos sabemos en control de nuestras vidas, entonces estamos donde queremos estar. Podemos hallarnos tan alto como deseemos, o tan bajo como deseemos; tan tristes como deseemos o tan felices como deseemos. Qué control tan tremendo cuando podemos aceptar esto. Me gustaría que tú, lector, consideres seriamente esto, ya que la mayoría de nosotros se corta las alas, y luego se queja de que no puede volar.

Crecemos buscando a personas que nos den cariño cuando sentimos que no nos dieron cariño de niños. Nos pasamos la vida dentro de relaciones que nos dañan, con tal de no sentirnos solos; pero un día cualquiera observamos muy de cerca a la persona que está a nuestro lado y nos atemoriza advertir que esa persona es un monstruo.

Si éste es tu caso, ¿te has preguntado por qué estás ahí todavía? La respuesta típica a esta interrogante es: "¿Qué voy a hacer solo(a)? No tengo familia, no tengo trabajo. No puedo valerme por mí mismo(a). No quiero estar solo(a). Me da miedo estar solo(a).

Si tienes a una pareja que no te da afecto, que no te comprende o que es abusiva; si tienes a una pareja que no comparte o que no te ayuda ni te apoya, ¿qué te da a ti esa pareja? ¿No estás solo(a) de todas maneras? ¿No estás viviendo con un fantasma? Pregúntate lo siguiente: "¿Verdaderamente estoy solo(a)?" La realidad es que siempre lo has estado. El miedo que tienes o sientes, es un miedo irracional, irreal. Es un miedo que no deberías tener.

Si estás en una relación de este tipo y, en lugar de terminarla, deseas corregir el problema, un par de cosas son recomendadas: habla claramente con tu pareja, pon límites y exige tus derechos. Determina que solos no han podido arreglar la relación y que necesitan ayuda profesional. Si tu pareja no acepta tu propuesta y dice que el problema sólo es tuyo, sal de la relación. Nadie viene a este mundo a sufrir. Estamos en esta vida una vez. Nuestra estadía aquí es temporal. Qué triste sería venir solo una vez y de pasada, sólo para ser infeliz. ¡Qué pérdida de tiempo! ¡Que pérdida de vida! ¡Que pérdida de propósito! ¡Que pérdida de pasión!

Mi punto de vista es que todos los seres humanos somos como rebanadas de queso; de dos tipos en particular: el queso amarillo y el queso suizo, el que tiene huecos. Si tomas una rebanada de queso amarillo, sin huecos por la parte de abajo, y la colocas en el plato, va a quedar paradita bastante firme, porque es sólida, está completa, está en su totalidad; en cambio, si tomas una trozo de queso suizo, éste se dobla, no tiene fuerza, está lleno de huecos y de carencias, no puede mantenerse recto. Los seres humanos somos como lascas de queso. Si somos suizos y tenemos huecos emocionales, creemos que necesitamos encontrar personas para que llenen esos huecos con su presencia, con su cariño y afecto. Por lo tanto, les otorgamos el poder de llenar nuestros huecos y de vivir por nosotros. Llegamos entonces a sentir que esa persona es parte de nuestro cuerpo, de nuestra alma, de nuestra existencia, y le damos la importancia que le daríamos a una pierna, a un ojo, al corazón, al hígado, al estómago; creemos que no podemos vivir sin ellos. Ése es el error más grande que cometemos, ya que nos vuelve dependientes o, a menudo, codependientes.

No podemos utilizar a otra persona para que llene nuestros huecos emocionales. Nuestros huecos emocionales los llenamos nosotros mismos. Cualquier otra persona que llegue a nuestra vida es adicional, es un regalo, es "además de". Cada ser humano llega a este mundo como un paquete completo, con todo lo que necesita para existir, sobrevivir y realizarse de forma feliz y con éxito. Si pensamos que la capacidad de ser feliz no está en nosotros, sino en otra persona, le damos a esa persona todo nuestro poder y quedamos totalmente dependientes y débiles.

¿Eres tú una de esas personas que cada vez que debe tomar una decisión o determinación, tiene que llamar a alguien para que lo haga por ella? Debe salir a una cita y llama a una amiga para preguntarle qué vestido debe ponerse, o tal vez no sepa si debe de llamar a alguien que acaba de conocer: "¿Lo llamo hoy o espero hasta mañana, o lo llamo ahora?... ¡No sé qué hacer! ¿Qué hago? ¡Dímelo tú!" Tal vez acudimos a un doctor, a un psicólogo o a un sacerdote..., el caso es que nos volvemos dependientes de nuestros amigos o de profesionales, es decir: de las personas a las que otorgamos el poder de tomar decisiones por nosotros. Esto suele sucederles a quienes están llenos de huecos emocionales, porque crecieron sin afecto ni amor, sin los suficientes halagos o reconocimientos o apapachos. Cuando existe esta carencia durante nuestra infancia, de adultos entramos en relaciones con personas a quienes atribuimos la capacidad de resarcirla. Nos apegamos y queremos adueñarnos de ellas, y luego las llenamos de regalos para que no nos abandonen. He ahí la mezcla perfecta para definirnos a nosotros mismos y a nuestras parejas; he ahí los monstruos que nos persiguen, y las víctimas que los atraen.

La visualización

Ésta es una forma potente y efectiva para la sanación. Sin embargo, ésta ha sido ignorada por mucho tiempo. La visualización puede aliviar dolores físicos, puede ayudar a sanar con mayor rapidez, y auxilia al cuerpo a atenuar cientos de achaques, enfermedades y desórdenes, incluidas la depresión, la impotencia, las alergias y el asma. El poder que la mente tiene sobre el cuerpo y sus funciones es realmente extraordinario. Aunque la visualización no siempre llega a curar, el proceso de crear imágenes en nuestra mente puede ser efectivo en el tratamiento de un gran porcentaje de los problemas que nos aquejan, y que nos conducen a consultar a un doctor o a un psicólogo.

La creación de imágenes es el lenguaje mas fundamental que poseemos. Cuanto hacemos es procesado por nuestra mente en forma de imágenes. Cuando recordamos situaciones o acontecimientos del pasado, o de nuestra infancia, pensamos en fotografías, imágenes, sonidos, sensaciones y demás. Rara vez recordamos en forma de palabras. Claro está que las imágenes que creamos no necesariamente tienen que ser visuales; también pueden ser de sonidos, sabores, olores, o estar constituidas por una combinación de sensaciones. Por ejemplo, un olor específico es capaz de despertar en nosotros un recuerdo positivo o negativo, es decir, puede regresarnos a situaciones vividas en nuestra infancia. De igual forma, volver a un lugar donde fuimos golpeados o abusados, puede activar la misma reacción que tuvimos cuando el suceso negativo ocurrió, aun después de muchos años.

¿Cómo funciona la visualización?

Imagínate, por ejemplo, que estás frente a tu refrigerador. Imagina que abres la puerta y dentro de él ves un pequeño plato con varias tajadas jugosas de limón; imagina que tomas el plato y comienzas a buscar la tajada más jugosa; imagina que tomas esa tajada: puedes sentir la textura de la cáscara, ver el intenso color verde de la misma; imagina que aprietas la tajada con tus dedos y que el zumo te salpica casi hasta tus ojos. El aroma del limón es fuerte y refrescante, lo puedes oler sin problema alguno. Imagina que llevas la tajada a tu boca. La muerdes y sientes cómo el jugo del limón baña toda la parte interior de tu boca; sientes su sabor amargo alrededor de tu lengua.

Es muy posible que tu cuerpo haya tenido alguna reacción a este ejercicio de visualización. Posiblemente sentiste que tu boca produjo más saliva de lo normal. ¿Sabes por qué? La mente del ser humano está compuesta por dos partes: la mente consciente y la mente inconsciente. La mente consciente está regida por las decisiones del Pensador Crítico; éste es una especie de guardián que filtra la información que se le presenta. Si alguna información no es considerada apropiada por el Pensador Crítico, éste la descarta inmediatamente. Pero la mente inconsciente carece de este Pensador Crítico y, por lo tanto, acepta cualquier sugerencia que se le presente. No sólo la acepta y la cree, sino que reacciona de acuerdo con lo que se le presenta. La mente inconsciente no puede discernir la diferencia entre lo que es real o lo que es imaginario. En el ejemplo del limón, la mente inconsciente creyó que realmente estabas mordiendo una tajada de limón, por lo que inmediatamente comenzó a incrementar la producción de saliva, para que ésta neutralizara los efectos del ácido cítrico.

La imaginación es el idioma que la mente utiliza para comunicarse con el cuerpo. Es obvio que no podemos decirle a un rasguño: "Sánate", ya que éste no es el idioma que el cerebro utiliza para comunicarse con el cuerpo. Necesitas imaginarte que el rasguño va sanando lentamente. La imaginación es la conexión biológica entre la mente y el cuerpo. Como veremos, la visualización es muy útil para sanar problemas de mente y cuerpo.

Tus pensamientos tienen un efecto directo sobre la forma en que te sientes y te comportas. Si te pasas la vida pensando en cosas tristes o negativas, muy probablemente no eres una persona feliz. Del mismo modo, si piensas que tu trabajo es un gran dolor de cabeza, probablemente volverás todos los días a tu casa con un fuerte dolor de cabeza. Es claro, pues, el poder que la mente ejerce sobre el cuerpo.

Pero si aprendes a controlar las imágenes en tu cabeza, puedes ayudar no sólo a tu cuerpo, sino también a tus sentimientos y emociones, a recuperar la salud. La imaginación, utilizada en forma efectiva, puede ser un vehículo poderoso para llegar a donde quieres ir, incluida la sanación de problemas.

El siguiente ejercicio de visualización está diseñado para que crees imágenes precisas y claras en tu mente inconsciente. Al presentar estas imágenes a tu cerebro, éste no tiene la capacidad de discernir entre lo real y lo imaginario; cree que la información presentada por medio de las imágenes, o sea, mediante la visualización, es real y, por lo tanto, reacciona implementando los mensajes. En otras palabras, vamos a imaginar que solucionamos diferentes situaciones, con el fin de que nuestro cerebro nos ayude a sanar los problemas emocionales que tenemos.

▣ ▣ ▣ | ESCUCHA EL CD |

EJERCICIO 1. CÓMO IDENTIFICAR HERIDAS DEL PASADO QUE AÚN NO HAN SANADO

¿Sabes cómo identificar esas heridas del pasado que aún no han sanado? Es fácil. Ante todo, busca un día en el que tengas al menos una hora para ti solo. Pide a las personas que viven contigo que no te molesten hasta que hayas terminado con este proyecto. Busca un lugar donde puedas estar cómodo: una cama, el piso o un sillón. Pon a tu lado una hoja de papel y una pluma o lápiz. Quítate los zapatos y baja las luces, acomoda tu cuerpo de la manera más agradable y confortable, y cierra tus ojos.

Aprende la respiración de la paz: inhala por la nariz durante siete segundos, detén tu respiración por tres segundos y exhala suavemente por la boca durante siete segundos.

Al exhalar, imagina que estás tratando de apagar una vela frente a ti, permitiendo que el aire salga suavemente de tus pulmones.

Inhala profundamente por tu nariz, llenando tus pulmones de aire por siete segundos, 1, 2, 3, 4, 5, 6, 7. Detén tu respiración por tres segundos, uno.... dos.... tres; y ahora exhala lentamente por tus labios por siete segundos, 1, 2, 3, 4, 5, 6, 7.

Vuelve a respirar profundamente, llenando tus pulmones de aire y tu cuerpo de relajación.

Detén tu respiración por tres segundos, uno.... dos.... tres. Exhala. Con cada exhalación profundizas tu tranquilidad y te relajas más.

De nuevo inhala, 1, 2, 3, 4, 5, 6, 7.

Detén tu respiración, uno.... dos.... tres.

Y ahora exhala suavemente por siete segundos, cada vez más relajado(a), cada vez más en paz.

Toma la decisión en este momento de relajar tu respiración aún más, hazla más ligera, más lenta y menos profunda.

De la misma forma en que has relajado tu respiración, vas a ir relajando cada parte de tu cuerpo. Una por una, llevando tu cuerpo a un profundo estado de tranquilidad y relajación.

Relajando tu cabeza y tu frente, asegurándote que tu frente no esté fruncida.

Relajando también tus cejas y tus párpados.

Sintiendo tus párpados sumamente pesados.

Relajando tus pómulos, tu nariz y tus labios.

Permitiendo que tus dientes se separen un poquito y que tus labios también se separen.

Abriendo tu boca levemente.

Relajando tu mandíbula y tu cuello, al igual que la parte posterior de tu cabeza y de tu cuello.

Dejando caer tus hombros, sintiendo lo ligero que se sienten en este momento.

Relajando tu pecho y tu respiración, aflojando tus brazos, tus manos y cada uno de los dedos de tus manos.

Si centras tu atención en los dedos de tus manos, tal vez sientas un ligero cosquilleo en las puntas, lo cual es señal de la relajación que sientes en este momento.

Relajando el área de tu abdomen, tu cintura y tus caderas, tus glúteos y tus muslos, y luego tus piernas y tobillos...

Relajando tus pies y los dedos de tus pies, relajando completamente las plantas de tus pies, sintiéndote profundamente relajado(a).

Con cada inhalación, llenas tu cuerpo de tranquilidad y paz. Y con cada exhalación, dejas salir cualquier tensión, ansiedad o estrés que lleves contigo.

Imagina una preciosa escalinata. Créala del color que más te agrade y de la forma que más te plazca. Imagina que estás descendiendo por esta escalera imaginaria, escalón por escalón, peldaño a peldaño.

Tiene veinte escalones.

Con cada escalón que desciendas, te sientes más y más relajado(a).

Cuando llegues al escalón numero 1, estarás completamente relajado(a) y en paz. Tu cuerpo se sentirá pesado y profundamente relajado. Tu mente estará profundamente relajada.

Bajando al 19, 18, 17... Cada vez más y más relajado(a), 16, 15, 14..., acercándote al 1, relajándote cada vez más profundamente..., 13, 12, 11. En paz, tranquilo(a), 10, 9, 8... Tu cuerpo más relajado y más pesado. Y tu mente relajándose profundamente, casi llegando al 1...

7, 6, 5. Plenamente relajado(a),

4, 3, 2 y 1. Cuando llegues al 1, estarás completamente relajado(a).

UNO.

Completamente relajado(a). Profundamente relajado(a).

Ahora, toma la decisión de relajar más aún tu respiración.

Imagínate que estás en un lugar imaginario, doquiera que sea, pero donde tú desees estar; puede ser también un lugar real donde hayas estado y en el que te sientes tranquilo(a) y en paz.

Puede ser una playa, las montañas, o cualquier otro lugar; tú decides, éste es tu lugar especial.

Cada vez que practiques la visualización, volverás a este mismo lugar.

Aquí nada ni nadie te daña y siempre estarás bien y profundamente relajado(a).

Imagina en este momento que en el centro de ese lugar hay un cine. Comienza a caminar hacia él, hasta que llegues a las puertas. Imagina que entras en el cine y que encuentras un lugar dónde sentarte. Imagina que estás sentado(a). Frente a ti, una enorme pantalla. La pantalla está en blanco porque las luces no se han apagado aún.

Dentro de poco, va a comenzar una película muy especial. Es una película sobre la vida de alguien muy especial para ti. Es una película sobre tu vida.

Dentro de poco, se atenuarán las luces, y continuarás sintiéndote muy relajado(a) y muy tranquilo(a).

Y vas a seguir respirando tranquilamente, sin ningún esfuerzo.

La película contiene escenas de tu vida, de situaciones en que experimentaste sentimientos de dolor; pero no debes sentir miedo. Es sólo una película y los acontecimientos ya no están sucediendo en tu vida real.

Además, tú puedes poner esa película en pausa cuando así lo desees, o hacerla retroceder o avanzar, o pararla...

Tú tienes el control. Es tu película y es tu vida. Y es tuyo el control.

Y recuerda que si en algún momento te sientes incómodo(a), lo único que tienes que hacer es mantener tu respiración de la paz, y ésta hará que te relajes aún más; aún más.

Cada vez que veas una escena dolorosa, o que te produzca otras emociones fuertes, recuérdalas hasta que se haya terminado la película, para que así puedas escribirlas al final de este ejercicio.

Si en algún momento no deseas seguir con este ejercicio, simplemente abre tus ojos y te sentirás perfectamente calmado(a), tranquilo(a) y en paz.

Lentamente se van apagando las luces del cine y te vas relajando mucho más.

Cada vez más profundamente.

Ahí, en la pantalla, puedes ver el título de la película: lleva tu nombre.

Ahora permite que las imágenes comiencen a desarrollarse en la pantalla, una tras otra, mientras tú te mantienes tranquilo y en paz, porque el control es tuyo.

Recuerda que es sólo una película. Puedes detenerla o avanzarla. Es una película y no te puede causar ningún daño.

Toma tu tiempo para observar las imágenes.

Cuando hayas terminado de ver la película, imagina que se prendan las luces del cine lentamente. Repite en tu mente las siguientes frases: "Yo estoy en control. Me siento perfectamente bien. Cuando abra mis ojos, me voy a sentir tranquilo(a), motivado(a) y alerta, y voy a recordar todo sin que me afecte. Voy a contar del uno al cinco". Cuando llegues al cinco, abrirás tus ojos. Al abrir tus ojos, recordarás todo lo que has visto y te sentirás perfectamente bien. En el transcurso de estos cinco segundos:

1. Te sentirás motivado(a), con enfoque y alerta,
2. consciente de los sonidos a tu alrededor,
3. consciente de tu cuerpo y de sus sensaciones,
4. atento al lugar donde estás en este momento, y
5. abrirás lentamente tus ojos, sintiéndote motivado(a), con enfoque y muy alerta.

Una vez que tengas los ojos abiertos, toma el papel y el lápiz o pluma, y comienza a escribir la lista de las escenas que visualizaste en el ejercicio. Ésta es la lista de esas cosas que te llenan de coraje y enojo. Éstas son las heridas emocionales que por falta de expresión y solución, se han ido fermentando lentamente, hasta convertirse en fuertes resentimientos y corajes. ¿Cuántos de éstos continúan sin resolver? ¿Cuántos de ellos quedaron inconclusos?

Haz una lista horizontal con cada una de las heridas o dolores emocionales que apuntaste. Debajo de cada una, paso por paso, haz una lista vertical de cómo resolverlos. Luego enfócate en comenzar a sanar y a resolver sólo la primera herida en tu lista. Sigue los pasos que has identificado para resolverla y sanarla. Tal vez sea necesario hablar con la persona que te causó problemas y comunicarle cómo te dañó. Tal vez sea necesario escribirle una carta, si no es fácil hacerlo en persona. Si la persona no está cerca de ti o si falleció, tal vez debas escribirle una carta y buscar un momento tranquilo donde puedas leérsela frente a una silla vacía, donde visualices a esa persona. Decidas lo que decidas, asegúrate siempre de perdonar finalmente a esa persona por el daño que te hizo. El perdón no significa olvidar el daño que alguien nos causó; nunca olvidamos. Perdonar implica atribuir a la persona la responsabilidad del daño que te hizo, y dejar de cargarla tú. En el capítulo "Cómo dejar atrás la basura del pasado", encontrarás los pasos que necesitas dar para perdonar. Con cada herida que resuelvas y sanes, disminuyen tu coraje y tu enojo, y aumentan tu seguridad y tu autoestima.

EJERCICIO 2

Identificar los mensajes que nos dieron nuestros padres cuando éramos niños es muy importante, ya que nos ayuda a determinar si ahora somos nosotros quienes los estamos implementando en nuestras vidas y con nuestros hijos o parejas, y bajo qué circunstancias. La mayoría de nosotros no es consciente de sus reacciones frente a diversas situaciones. Quizá no advertimos que cuando estamos bajo los efectos de las diferentes emociones, nuestras reacciones están influidas por los mensajes que recibimos de nuestros padres. Por ejemplo, cuando nos sentimos frustrados, podemos tener la tendencia a ser agresivos con nuestros hijos o con nuestras parejas. Muchas veces no nos damos cuenta de que aquello que prometimos no hacer jamás cuando fuéramos adultos, es exactamente lo que hacemos cuando estamos bajo tensión, enojados o deprimidos.

Muchos de los mensajes que nuestros padres nos dieron, los aprendimos viendo cómo se comportaban en diferentes situaciones. En otros casos, aprendimos esos mensajes de forma auditiva, escuchando comentarios como: "Los hombres no lloran", o "Las niñas no tienen que ir a la escuela".

Crea un cuadro como el que sigue a continuación (Cuadro A). Escribe en la primera columna los mensajes que recuerdas haber recibido de tus padres, tanto de su ejemplo como verbalmente. En la segunda columna, identifica si esos mensajes aún forman parte de tu manera de pensar, y si influyen en tus maneras de reaccionar ante las personas en tu vida. En la tercera columna, identifica cuáles son las situaciones que propician la activación de estos mensajes. Busca cuáles son los estados emocionales que causan la activación de estos mensajes, que luego incorporas a tu forma de comunicarte y comportarte. Finalmente, escribe en la cuarta columna aquellos sentimientos que experimentas cada vez que implementas esos mensajes, creencias, opiniones o acciones que aprendiste de tus padres. Al identificar cuáles son las emociones y situaciones que reviven estos mensajes negativos en tu vida, podrás tomar el control de cada situación, y así evitarás esos continuos regresos al pasado. Al erradicar estos mensajes negativos, podrás entonces comenzar a vivir una vida completa y totalmente tuya, libre de prejuicios, de ideas obsoletas y negativas que sólo sirven para dañar tus relaciones actuales. El conocimiento y la información nos permiten tomar el control de nuestras vidas.

Mensajes que recibí de mis padres	¿Aún los utilizo? Sí/No	Si continúo utilizándolos, ¿bajo qué circunstancia?	¿Cómo me siento cuando los estoy utilizando?
Ej: Los niños no lloran	Sí	Cuando mi hijo me enoja	Frustrado
Eres tonto	Sí	Cuando alguien logra algo y yo no	Deprimido

Cuadro A. Lista de mensajes impuestos por nuestros padres.

Ejercicio 3

Muchos de nosotros carecimos de muestras de afecto, cariño, reconocimiento, halagos, palabras de aliento y motivación durante nuestra infancia. Como resultado, nos pasamos la vida buscando a aquellas personas que puedan llenar nuestras necesidades emocionales. Muchos buscamos a un padre o a una madre en nuestra pareja, para que nos ofrezca protección. Otros pasamos la vida sobresaliendo en todo lo que hacemos, con tal de que alguien nos diga: "¡Estoy orgulloso(a) de ti!"

La posibilidad de que logremos encontrar a alguien que llene estas necesidades es remota. Si logramos encontrarlo(a), esta persona llegará a sentirse sobrecargada, pues debe ser no sólo pareja o amiga, sino también mamá, papá, o el reemplazo de alguna figura importante en nuestra vida. El resultado generalmente es que la relación termina por asfixia. La otra persona se siente poseída o asfixiada dentro de la relación.

Por lo tanto, no debemos buscar fuera, sino dentro de nosotros mismos, la solución de nuestros problemas. A continuación hallarás, a manera de ejemplo, una lista de cómo satisfacer tus necesidades y lograr tus metas. Vas a buscar esas cosas que no recibiste durante tu crecimiento, pero que sientes que debiste haber recibido. La lista incluye pasos para lograr proporcionarte a ti mismo la satisfacción de esas necesidades. Los pasos deben ser detallados y fáciles de lograr.

Luego que hayas terminado de crear tu lista de necesidades no satisfechas, y después de haber elaborado un plan de cómo lograrlas paso a paso, vas a registrar y clasificar cada necesidad en orden de prioridad. La más importante recibirá el numero 1, y así sucesivamente, en orden de importancia. Ya que tengas la lista completa y catalogada, vas a enfocarte solamente en la primera, la más importante. Los pasos para lograr satisfacer esa necesidad es el mapa que tienes que seguir para llegar a tu meta. Uno por uno, vas a seguir estos pasos, hasta satisfacer la necesidad. Una vez que lo logres, celébralo.

Recompénsate por haber creado un sistema de crecimiento personal que funciona. Recómpensate con cosas que sean positivas para ti. Luego aborda la segunda necesidad en tu lista, y después sigue con las otras, una por una.

Recuerda que los pasos deben ser fáciles de alcanzar, y que no es buena idea subir del primer piso al segundo de un solo salto; es más fácil subir escalón por escalón. Sí, probablemente tome un poquito más de tiempo, pero así evitas caerte y causarte daño. Las cosas hechas con calma, con planeamiento y dedicación, suelen tener mucho mejor resultado.

Ejemplo:

Meta: Sentir que puedo terminar una carrera.
Prioridad: 1
Pasos: • Definir lo que quiero estudiar.
            • Buscar una escuela que tenga esa carrera.
            • Llamar e informarme de costos y fechas de matrículas.
            • Hacer una cita para llenar aplicación.
            • Ahorrar dinero para materiales y útiles.
            • Buscar ayuda financiera si no tengo el modo de pagar.

- Comentarlo con todos mis amigos y familiares para que me apoyen.
- Motivarme antes del primer día, reconociendo: "Yo sí puedo".
- Asistir al primer día de clases.
- Estructurar mis horarios para poder tener tiempo para estudiar y hacer tareas.
- Mantenerme firme en mi decisión: "Yo sí puedo".
- Tomar los exámenes finales.
- Buscar las clases para el próximo semestre.
- No perder mi motivación: "Yo sí puedo".

Detrás de cada error, se esconde una nueva opción.

capítulo 3

¿Qué vino primero, el huevo o la gallina?

Esta pregunta nos ha intrigado por siglos. Es obvio que para que exista una gallina, tiene que haber existido un huevo. Si la gallina llegó primero, ¿de dónde vino? Y si lo primero en llegar fue el huevo, ¿quién lo puso? Lo que sí es claro y concreto es que para que exista un huevo, tiene que haber una gallina, y para que exista una gallina, tiene que haber existido un huevo. Este tipo de relación es clasificada como constitutiva. Es el mismo argumento de que para que exista una madre, tiene que haber un hijo; para que existan monstruos, tiene que haber víctimas que los atraigan y a las que perseguir. También esta relación es constitutiva.

Según expertos como D.D. Jackson (1965), Irene Goldenberg y Herb Goldenberg (1985), cada función o papel que el ser humano desempeña en el proceso de su vida, está definido socialmente. Cada función que se desempeña (ejemplo: padre, hijo, tío) es un patrón de conducta predecible, el cual acompaña a una posición social. Además, esta función es igual para todas las personas dentro de una cultura y a través de todas las culturas. Esta definición es algo limitada, ya que existen funciones que no son determinadas por la sociedad y que no son saludables. Estas funciones son creadas en respuesta a las diferentes necesidades que tenemos como seres humanos, y son definidas por las debilidades emocionales de las personas; por esos huecos emocionales que se crean por la falta de interés y cariño de nuestros padres hacia nosotros, por la falta de su presencia emocional, espiritual y física. En esta categoría están los monstruos y las víctimas.

Por lo tanto, una mejor definición de estas funciones no debe ser tan restringida, ni deben ser catalogadas sólo como posiciones determinadas socialmente. Una definición más completa debe caracterizar a la función como susceptible de ser creada en el ámbito libre (o que puede ser libre) de la familia, o por cada persona; es decir: la función puede ser creada y definida individualmente en cualquier momento, y constituir una relación funcional. Funcional no necesariamente significa que sea positiva, ya que sabemos que la relación entre monstruos y víctimas no es positiva, pero sí funcional. Funciona porque ambos términos se complementan y se mantienen el uno al otro.

Estas funciones son complementarias y recíprocas, y por lo tanto constitutivas. Una persona no puede asumir una función si otra persona no ocupa la función complementaria (monstruo-víctima). Por ejemplo, hablar de la función del "rescatista" o del "salvador" (alguien que asume la responsabilidad de solucionar todos los problemas de los demás, llegando si es necesario a extremos de sacrificio personal para lograrlo), implica que existen otras personas que desarrollan funciones complementarias al "rescatista" o "salvador". En este caso, esa otra función sería la de aquellos que dependen de otros para que los cuiden, guíen y rescaten (los "necesitados"); la de aquellos que no afrontan la responsabilidad por sus propias vidas, porque saben que el "rescatista" o el "salvador" asumirá esa responsabilidad por ellos. Por lo tanto, podemos decir que la función de una persona es el contexto donde se desarrolla la otra, y viceversa.

El contexto puede ser definido como el escenario o ambiente, con sus propias reglas intrínsecas, que gobiernan la conducta. Este contexto puede ser entendido en dos formas básicas, según sean caracterizadas las funciones. Si consideramos una función definida socialmente, tal como la de "padre", podemos referirnos a un contexto constitutivo y socialmente definido llamado "familia". Pero si examinamos una función que ha sido creada por la propia familia, como la función del "salvador", entonces el contexto es uno donde otros miembros de la familia (los "necesitados") son dependientes de ese "salvador", que ha asumido la responsabilidad de solucionar por ellos sus problemas. Como funciones y contextos son constitutivos, esta relación implica que entre más definidas sean las funciones, más influyen éstas en el grado de definición de los contextos; es decir: funciones bien definidas tienen contextos bien definidos.

Cuando estas funciones se crean y se llevan a cabo impensadas, automáticamente se produce un ambiente de comodidad alrededor de éstas. Las personas no se dan cuenta de la función que desempeñan mientras se está llevando a cabo. Darse cuenta de ello podría significar una reacción distónica hacia la función.

Sin embargo, cuando las funciones llegan a sentirse incómodas y no son desempeñadas adecuadamente, las personas generalmente buscan ayuda para intentar un cambio; este cambio llega a ser muy difícil de lograr. Por la misma constitutividad entre funciones y contextos, el cambio requiere no sólo el cambio de la función y, por lo tanto, de la identidad de la persona que la desempeña, sino también el cambio de la función complementaria. En esencia, esto es el propio contexto de la función. La función que cada persona desempeña es la identidad de la persona dentro del contexto en el cual se desarrolla.

¿Qué quiere decir todo esto? Es muy simple, aunque no lo parece. Para que haya monstruos, deben existir las víctimas que los atraen, víctimas a las cuales perseguir y atrapar. El monstruo necesita de una víctima, tanto como la víctima de un monstruo. Cada uno posee las cualidades que atraen al otro. La mayoría de las víctimas no están conscientes de sus propias necesidades emocionales, de esos huecos que llevan en sus almas y en sus corazones. Por lo tanto, pasan sus vidas buscando a personas que llenen esos huecos, que los hagan sentirse completos. Desde luego, esto nunca sucede. Ninguna otra persona tiene la capacidad de llenar los huecos emocionales de otra. Si se da una especie de acoplamiento, éste nunca es sólido ni duradero. Las víctimas provienen de infancias limitadas emocionalmente. Muchas de ellas provienen de hogares disfuncionales, divididos, donde carecieron de amor y cariño. Alcoholismo y otras adicciones abundan también en las vidas de las familias de las víctimas, por lo que éstas nunca llegan a desarrollar una autoestima saludable y sólida. Sienten que son seres infelices, inseguros e incompletos. Al salir al mundo, se cuelgan alrededor de sus cuellos un cartel que dice: "Víctima". De repente, todos esos monstruos hambrientos y feroces que andan a la búsqueda de presas, huelen e identifican a las víctimas con una facilidad alarmante. Es la tuerca buscando su tornillo, el gato buscando al ratón. Al encontrarse, todo parece ser magia: el paraíso. La víctima encuentra a un monstruo que le dice exactamente lo que necesita escuchar; suele ser alguien que le devuelve su autoestima, alguien que se interesa por ella, que le da una sensación de seguridad total, pero falsa. El monstruo se siente completo. Ha encontrado a la persona que va a satisfacer todas sus necesidades enfermizas y dañinas. La combinación es perfecta: el ilusivo salvador y la frágil víctima que es rescatada se unen, ¿para ser felices?

Los años pasan, y la víctima sigue en las garras de su monstruo, consciente de que no es feliz. Pero no lo acepta, por miedo a tener que hacer algo al respecto. Sacrificándose, aceptando menos en vez de más. Recibiendo malos tratos, ultrajes y golpes. Perdiendo poco a poco su natural dignidad. Sólo en muy raros casos, la víctima llega a tener plena conciencia de que no es feliz. Trata de hablar con su pareja, pero ésta la confunde más, la culpa a ella por todos los problemas y la envuelve en una telaraña de mentiras e intrigas. La víctima regresa a la misma situación, muchas veces segura de que toda la responsabilidad del problema es suya. El monstruo vuelve a su trono de control y sigue utilizando a su pareja para lograr sus fines enfermizos: sentirse valioso.

El monstruo también tiene su historial de problemas. La mayoría de los monstruos también proviene de familias disfuncionales. Muchos nunca lograron sentirse seres de valía. No recibieron cariño ni halagos. Muchos vivieron una vida invisible. ¿Por qué entonces la diferencia entre víctimas y monstruos, si ambos provienen de pasados similares? La respuesta es fácil. Aquellos que se convirtieron en víctimas siempre tuvieron la tendencia a internalizar sus emociones. Reprimían sus sentimientos, ahogaban su dolor en silencio; se desconectaban de lo que sentían, con tal de evadir el sufrimiento. Poco a poco se iban aislando del mundo y de su medio, y así se convirtieron en personas deprimidas y carentes de autoestima. Los monstruos no. Estos externalizaban sus conductas. Expresaban su dolor emocional, sus frustraciones, confusiones y desilusiones por medio de una conducta agresiva, oposicional. Nunca aprendieron a expresar saludablemente sus sentimientos, sino a vomitarlos en forma de enojo.

He aquí la historia que se crea entre monstruos y víctimas: dos seres humanos que, dañados desde niños, buscan ser felices. El monstruo nunca aprende a expresar el dolor que siente y se desquita con agresión. La víctima aprende a callar todo y a no crear disturbios, ya que se siente incapaz y no se considera merecedora de afecto y cariño. El monstruo aprende a controlar su medio ambiente por medio de la agresión; la víctima, exponiendo su yugular y dejándose controlar y proteger por alguien que la hace sentir especial. Surge así la unión del que provee y del que necesita. Andando el tiempo, la víctima requiere de más y más, porque sus huecos emocionales jamás se llenan. El monstruo llega a sentirse sofocado por las necesidades de la víctima. La utiliza mientras puede, y cuando se cansa, o cuando no le agrada más la relación, abandona a su presa. Ésta se desploma emocionalmente, validando así su creencia de que no posee un valor propio y de que nadie la quiere..., hasta que llega un nuevo monstruo que la hace sentir especial. Y así continúa este ciclo.

Si la unión de monstruos y víctimas produce hijos, éstos serán formados por personas inestables y disfuncionales, que así criarán a futuros monstruos o víctimas, dependiendo de la idiosincrasia de cada niño. De esta forma se reproduce y continúa la tradición.

◙ ◙ ◙

Ejercicio 1

¿Qué eres tú, víctima o monstruo? El siguiente ejercicio te ofrece la oportunidad de descubrir si tienes más posibilidades de ser víctima que monstruo, o lo contrario.

Advertencia: Las posibilidades sólo son eso: no implican que por fuerza asumirás uno de estos dos tipos de personalidad, sino sólo cuál es tu tendencia. Por lo tanto, utiliza los resultados de manera preventiva y para tomar conciencia de cuáles son las características que más dominan tu forma de ser. Recuerda que en la información y en la educación está la fuerza.

A continuación encontrarás dos columnas con diferentes tipos de características. Según vas leyéndolas, indica con una marca (✓) cada característica que posees:

Columna A	Columna B
☐ Lloras con facilidad	☒ Discutes fácilmente
☑ Frecuentemente sientes miedos	☐ Exiges atención
☑ Deseas ser perfecto(a)	☐ Destruyes tus cosas o las de otras personas
☐ Sientes que no te quieren	☑ Te consideras desobediente
☐ Sientes que vales poco	☐ Te involucras en muchas peleas
☑ Eres excesivamente nervioso	

☐ Con frecuencia te sientes culpable
☒ Te avergüenzas con facilidad
☐ Piensas o has pensado en el suicidio
☒ Te preocupas mucho por todo
☒ No tienes interés en muchas cosas
☒ Prefieres estar solo(a) que con personas
☒ Hablas poco y sientes mucho
☒ Guardas muchos secretos
☒ Te consideras tímido(a)
☒ Frecuentemente te sientes sin energías
☒ Con frecuencia te sientes triste
☐ No te interesan muchas cosas
☒ Te aíslas
☐ Con frecuencia tienes pesadillas
☒ Con frecuencia te sientes cansado(a)
☒ Experimentas dolores en el cuerpo
☐ Experimentas dolores de cabeza
☒ Tienes problemas digestivos
☐ Tienes problemas para dormir

☐ Atacas a personas
☒ Gritas cuando estás enojado(a)
☒ Tu estado de ánimo cambia fácilmente
☐ Eres testarudo(a)
☐ Eres muy suspicaz
☐ Te agrada burlarte de los defectos de los demás
☒ Tienes un temperamento fuerte
☐ Amenazas a otras personas
☐ Eres ruidoso(a)
☐ Tomas alcohol en exceso
☐ No te sientes culpable cuando deberías
☐ Rompes reglas con facilidad
☐ Mientes con frecuencia
☐ Robas
☐ Dices malas palabras con frecuencia

La columna donde más marcas hayas colocado es la que mejor te describe. La Columna A describe características típicas de personas que internalizan sus sentimientos. Estas características se encuentran con más frecuencia en las víctimas. La Columna B es la que describe características típicas de personas que externalizan sus sentimientos, entre ellos la ansiedad, la tensión y la depresión. Dichas características se encuentran con más frecuencia en los monstruos. Si te identificas más con una columna que con la otra, implica que posees los ingredientes necesarios para convertirte en víctima o en monstruo. Si marcaste la misma cantidad en ambas columnas, o cantidades muy similares, tienes ambas posibilidades. Desde luego, tener una posibilidad o predisposición no implica que va a suceder. Si estás consciente del tipo de personalidad que tienes, puedes entonces dar los pasos apropiados (presentados en este libro) para evitar convertirte en un temible monstruo o en una desvalida víctima.

Internalizar o externalizar de forma excesiva las emociones es señal de pobres mecanismos de defensa. Una persona que maneja adecuadamente sus emociones, no necesita reprimir sus sentimientos, ni expresarlos con conductas agresivas. Los sentimientos bien manejados son aquellos que se comunican por medio de la razón y de los propios sentimientos, no mediante la ira o el coraje. Poder decir: "Estoy sintiendo...", "Cuando me hablas de esa forma, me haces sentir...", es mucho más saludable que enojarse y agredir a otra persona. De la misma forma, negar (a otros o a nosotros mismos) que estamos sintiendo algo, es extremadamente dañino. Esta negación generalmente conduce a la depresión, al aislamiento, a la ansiedad y a problemas psicosomáticos. Lo más saludable es expresar lo que uno siente a la persona que provocó nuestro malestar o enojo, lo más cerca posible del momento del incidente y con madurez emocional; ésta es la clave para una buena salud psíquica.

▣ ▣ ▣

Ejerce el poder del poder y descubrirás tu potencial.

capítulo 4

Catálogo de monstruos y almas perdidas

"¡Nunca voy a elegir a una pareja abusiva! ¡No me voy a dejar maltratar! ¡Quiero a alguien que me ame, que me respete y que, juntos, podamos llevar una relación feliz por el resto de nuestras vidas!" Sé que la mayoría de nosotros busca lo mismo. Deseamos encontrar a alguien que realmente respete el juramento que se hace en el matrimonio: "En las buenas y en las malas, en la salud y la enfermedad, hasta que la muerte nos separe". Sin embargo, no siempre suceden las cosas de esta forma. La razón es simple: de vez en cuando, uno de los habitantes del mundo de los monstruos y almas perdidas logra escapar y, para nuestra mala suerte, aterriza en nuestras vidas, en nuestro país, en nuestra ciudad, en nuestra calle, en nuestra casa y, peor aún, en nuestra cama. Se apodera de nuestros corazones y, andando el tiempo, destruye nuestras almas y nuestra propia identidad. Aún más: en los casos más severos, parece que abrimos una línea directa al mundo de los monstruos y, uno tras otro, nos van cayendo como anillo al dedo; un anillo de espinas venenosas. Relación tras relación, sólo encontramos vampiros, fantasmas, brujas o donjuanes. Nos preguntamos: ¿Por qué yo? ¡Qué casualidad! ¿Por qué siempre me pasa a mí?

Las cosas no pasan por casualidad. Todo tiene su motivo y su causa. Cuando somos criados sin afecto o cariño, sin reconocimiento ni apapachos y con una escasez de mensajes positivos, nos convertimos en rebanadas de queso suizo. Todos llegamos al mundo como una lasca sólida de queso. Con el tiempo, nuestros padres, nuestro medio familiar y social, nuestros amigos y maestros, van esculpiendo esa porción de queso, horadándola, abriendo un hueco por cada necesidad no llenada o satisfecha. Paulatinamente, nuestra solidez e integridad se ven comprometidas, debilitadas, y así debemos hacer frente a una vida difícil y retadora. Llega el momento en que esos huecos comienzan a exigir ser llenados. Por las mismas inseguridades que cargamos, creadas por las experiencias negativas anteriormente mencionadas, llegamos a la convicción de que solos, con sólo nuestras propias fuerzas, no tenemos la capacidad de cubrir nuestras necesidades personales y emocionales. Al vernos llenos de huecos, comenzamos a buscar a otras personas para que los llenen, en lugar de hacerlo nosotros mismos. Vemos en ellos al "salvador" fuerte y capaz, lleno de herramientas y capacidades de las cuales nosotros carecemos. Esta inseguridad y desconfianza en nuestra capacidad es la llave que abre la puerta al mundo de los monstruos. Como si fuéramos un pedazo de carne ensangrentada lanzada al mar, los tiburones (monstruos) nos huelen desde la distancia y, a una velocidad exorbitante y con un hambre voraz, se dirigen hacia nosotros, víctimas ingenuas, presas indefensas, expuestas a ser devoradas y finalmente extinguidas.

Nuestra inseguridad, nuestra falta de confianza en nosotros mismos, en nuestra valía, nos hacen creer que no podemos vivir sin la guía, el cuidado y la protección de esa persona que aparenta ser nuestra salvación. Al crearse esta dependencia recíproca, llegamos a sentir que esa persona es parte integral de nuestras vidas, tan importante como un pulmón, el hígado o cualquier otro órgano vital. Sin ellos, creemos, no somos nada. La realidad es que, con ellos, somos menos.

Son muchos los tipos de monstruos y almas perdidas que nos rondan durante el transcurso de nuestras vidas. ¿Cuál de éstas es la que más te rodea a ti? Más perturbador aún: ¿cuál de estos monstruos vive contigo, comparte tu vida o tu cama?

El vampiro

Esta figura mística de la literatura y el cine es seductora, garbosa y apasionada. Alto y delgado, sus ojos logran entrar hasta lo hondo de nuestra alma. Ojos que nos desnudan y nos hacen perder el control, que entregamos por completo a este ser. Sus movimientos son un baile meticulosamente coreografiado. Sus manos grandes e invitantes nos hipnotizan, y su negra capa nos envuelve como a presas fáciles.

Es este misticismo en sombras lo que nos lleva directamente al abismo del vampiro. Una vez que entra en nuestras vidas, lentamente comienza a chupar nuestra energía y nuestras fuerzas. Se alimenta de nosotros, según sus necesidades. Quisiera robarnos hasta la última gota de nuestro ser, pero no lo hace: nos deja lo suficiente para que no perezcamos, y permite que nos recuperemos. Ya recuperados, vuelve a seducirnos, a extraer la esencia de nuestra vida. Nunca es sincero, se esconde misteriosamente para lograr sus objetivos. Urde intrigas entre y con las personas que nos rodean. Egoísta y controlador, sólo piensa y se interesa en él mismo. Sin embargo, es amado y querido por todos. Su estilo elegante y místico es atractivo para los demás, quienes lo ven como un ser perfecto y respetuoso; pero con nosotros es todo lo contrario.

Su aspecto sofisticado y refinado desorienta a las personas; detrás de esa máscara se oculta un ser solitario y exclusivista, enfocado en sí mismo y en satisfacer todas sus necesidades a costa de los demás. Frente a otros, simula ser flexible y comunicativo, justo y compartidor, cuando en realidad es un ser exageradamente dominante y narcisista que, bajo un disfraz de cultura, clase y estilo, jamás muestra o delata su verdadero yo.

El vampiro posee una sensualidad fría y ajena a las emociones. Su inseguridad y su miedo a los demás lo mueven constantemente a evadir confrontaciones y a permanecer fuera del centro de atención. Lo dejas de ver por un tiempo y, de repente, sin saber cómo, adviertes que sus ojos están fijos en ti, quemándote con su mirada, explorando tu ser para encontrar e identificar todas tus debilidades, que luego utilizará en tu contra como arma para lograr sus objetivos.

Su forma de dominar es clara y directa. La mayoría de las veces no necesita subyugarte con palabras; le basta una mirada intensa y penetrante para hacerte saber lo que quiere y para que fatalmente lo hagas.

El hombre lobo

La noche y el día a un tiempo; a la vez hombre y bestia. Este personaje impredecible reluce por su profunda dualidad de emociones, y lo aureola una sensación de peligro y furia. Tiene la capacidad de amarte con toda su alma un momento, para luego, minutos después, odiarte con pasión intensa. Donde momentos antes te exaltó a lo más alto del cielo, repentinamente y sin explicaciones, te lanza al centro de un torbellino.

El hombre lobo es inestable y constantemente cambiante. Su personalidad nunca puede ser definida, ya que su verdadero yo, si lo tiene, es parte de un sinfín de personalidades diferentes. Cuando esta persona se encuentra "de buenas", tiende a reprimir su enojo; en esos momentos aparenta calma, comprensión, estabilidad, es buen comunicador y escucha con interés los problemas de su pareja. Puede estar expuesto a situaciones fuertes y no se doblega ante ellas, sino que las enfrenta con respeto y optimismo.

Pero cuando está "de malas", este personaje es explosivo, agresivo y descontrolado. El hombre lobo no sabe manejar sus emociones. Cuando era niño, sus padres no le permitían la libre expresión de sus sentimientos, y así, poco a poco, fue aprendiendo a reprimir lo que sentía. Como un volcán que va acumulando tensión, de pronto, y en forma cíclica, sus erupciones de coraje y descontrol llegan a causar daños severos a aquellos que lo rodean y a quienes profesa amor.

A menudo siente que los demás lo quieren dañar, o que están tramando algo en su contra. Llega hasta dudar de las personas más queridas y allegadas, que, según él, "se las saben todas; no se les escapa una". El hombre lobo fácilmente acusa a su pareja de engaños e infidelidades; ve, según su pareja, cosas donde no las hay. Su violencia proviene de una gran inseguridad personal. Los hombres lobo procuran darse a respetar de manera agresiva, intimidando con su coraje y enojo. Como adquieren seguridad por medio de sus explosiones emocionales, mientras más inseguros se sienten, más daño causan con sus reacciones. En esos momentos, actúan de forma descorazonada y desgarrante.

En apariencia, son personas carismáticas. Este carisma no es duradero, ya que no pueden controlar su temperamento fácilmente. Para evitar que otros se percaten de sus cambios, tienden a aislarse de familiares y amistades, y frecuentemente obligan a sus parejas a que hagan lo mismo.

Mientras más aislada y solitaria esté su pareja, más puede el hombre lobo desquitarse con ella y controlarla, sabiendo que nadie se va a interponer. Pareja aislada es pareja indefensa.

La bruja

Conflictiva, burlona, siempre está maquinando planes distorsionados y peligrosos. Es reconocida por su belleza externa y por sus momentáneos destellos de bondad. Detrás de una máscara que engaña, existe un ser manipulador y decidido a lograr todos sus planes y propósitos, sin importar cómo y sin que lo detengan los riesgos. Por medio de engaños, trucos y falsedades, la bruja se gana la confianza y el amor del que será su pareja, y luego lo mantiene en un mundo de mentiras y confusión.

Su fuerte son las mentiras. Sus historias, cada vez más complejas e intrincadas, atrapan a su víctima.

La bruja utiliza mucho de su tiempo en planear y provocar situaciones oscuras y engañosas, con el fin de manipular a su pareja. Su control es sutil, pero efectivo y directo. Jamás se encontrará a la bruja pensando en el bien de los que la rodean. Al contrario, por venir de una infancia donde creció invisible e inadvertida, la bruja aprendió desde temprana edad a pensar sólo en su bienestar.

La bruja opta por no crear problemas directos entre ella y otras personas. Su forma sutil de actuar la mantiene alejada de enfrentamientos y conflictos que la comprometan. Para ella es más fácil lograr que se inmiscuyan terceras en sus conflictos, para lograr sus objetivos a través de éstas. Sólo después de que las personas enfrentadas quedan debilitadas, la bruja entra en escena para ganar su territorio y crear una situación que la favorezca.

El alma perdida

Aparentemente desorientada y confundida, el alma perdida vaga por su mundo al parecer sin propósito o destino fijos. Como no sabe exactamente lo que busca o lo que desea, se hace propósitos fugaces a los que fácil y rápidamente abandona por uno nuevo. Justo cuando piensas que estás empezando a conocer y a entender al alma perdida, ésta dice o hace algo que te revela que en realidad es completamente diferente de lo que creías. ¿Cuál es la verdadera persona entre tantos disfraces? Nunca lograrás saberlo. De cada persona que conoce, el alma perdida extrae una personalidad temporal. Sin pedir permiso, te roba tus valores, tus creencias, tu forma de ser, tu autoestima. Con este personaje realmente aplica el dicho: "Dime con quién andas y te diré quién eres", ya que el alma perdida es una copia de la persona a su lado.

Llega a ser tanto tu mejor amigo como tu peor enemigo. En algunas ocasiones te levanta, y en otras te deja caer y te destruye. Su arma es la confusión. Al no saber qué esperar de ella, su víctima se confunde y, con el tiempo, termina exhausta y vulnerable. Cuando se cansa de su víctima, el alma perdida busca inmediatamente a alguien con quien reemplazarla. Nunca se define por nada ni se entrega a nadie en forma permanente. Es el tipo de persona que se involucra en muchas cosas pero no termina ninguna. Aunque lo veas muchas veces activo, es una actuación. El alma perdida carece de motivación y de expresión. Sus comentarios frecuentemente incluyen frases como: "La vida no vale la pena".

Como no tiene voluntad propia, extrae y obtiene sus fuerzas y motivación de las personas que la rodean. Finalmente se cansa de su víctima y encuentra cualquier justificación, por simple o incierta que sea, para terminar la relación. Cuando escapa, deja a una víctima agotada, vacía, sin amor propio, confundida y sin esperanza. A menudo, su víctima cree que ella es la culpable de todo lo sucedido, y hasta llega a colocar en un pedestal al alma pedida.

El fantasma

Sabemos que está ahí porque sentimos su presencia; sin embargo, es muy difícil verlo. Su influencia sobre las personas que lo rodean es tan fuerte que no tiene necesidad de estar presente para que se haga su voluntad. Generalmente, sus víctimas llegan a sentirse aterrorizadas por él y hacen todo lo que les exige. Es frío, calculador y distante. No expresa lo que siente y siempre evade cualquier situación que suscite emociones.

Si ésta es tu pareja, sabes que cada vez que lo necesitas, nunca está presente. Misteriosamente se escapa de situaciones importantes. De repente, y sin que sepas de dónde salió, lo encuentras. Por lo general está presente en situaciones cargadas de enojo, donde, a su modo hiriente, logra expresar el volcán de negatividad que carga internamente.

Te enreda en situaciones donde no puedes encontrar una salida. Es experto en crear situaciones sin solución. Cuando siente que te estás alejando de él, o que te va a perder, se te acerca dispuesto a recobrarte, a demostrate cuánto lo necesitas. Sin embargo, justo en el momento en que te va a ayudar, desaparece sin dejar rastro alguno. Nunca da explicaciones ni respuestas, sólo ofrece frialdad y desolación.

Su defensa es la intimidación y el susto. En las reuniones se mantiene invisible, o recurre al camauflaje para no ser percibido. Nunca está donde debe estar, y si llega a presentarse no se hace accesible. En los momentos de intimidad emocional, lo puedes sentir pero no lo puedes tocar. No le agradan los sentimientos y se burla de aquel que trata de compartir emociones. Frío y analítico, es del todo ajeno a la ternura y el romance. Si en algún momento y por accidente baja sus defensas, reacciona con mucho ruido y alarde, para evitar el contacto íntimo o emocional. Le encantan las travesuras y la maldad. Aparenta ser juguetón y atrevido, y logra muchas veces ganarse la confianza de las personas. Sin embargo, esto dura poco tiempo, ya que aparece y desaparece con rapidez.

La araña

No suele ser percibida como un monstruo tenebroso ni feroz. Sin embargo, en nuestras vidas, en nuestras camas, a nuestro alrededor, se encuentra la araña. Este personaje tiene la capacidad de causar daños severos y profundos. Experto en crear una red de mentiras y engaños, nos va envolviendo cada vez más, en tal grado que perdemos la noción de la realidad y llegamos a creer cuanto nos dice. Claro está que su propósito es realizar sus propios planes y objetivos.

La araña no se satisface con una sola persona, sino que colecciona a varias para que satisfagan sus diferentes necesidades. Las va guardando cuidadosamente para utilizarlas según las va necesitando. Se comporta siempre con cautela, busca los puntos débiles de sus víctimas, para luego utilizarlos en su favor. Del mismo modo, busca las áreas sensibles y las activa, para que su víctima se sienta querida y especial. Una vez que la araña se cansa de su víctima, o cuando agota lo que ésta le puede ofrecer, la descarta con una facilidad extraordinaria.

La araña es juguetona en ocasiones; sin embargo, sus juegos no son simple entretenimiento, sino un método eficaz para confundir y envolver a su víctima. Ésta sólo percibe la disposición juguetona de la araña y, claro, no se da cuenta de sus verdaderas intenciones. A este personaje no le importa esperar el tiempo que sea necesario para obtener lo que desea; la paciencia es una de sus virtudes. Puede estar con alguien por años, planeando y estructurando un plan de acción. Cuando logra sus objetivos, abandona a su víctima y comienza en otro lugar. Su estilo silencioso y sutil hace que la araña sea experta en poner trampas. Cuando menos lo esperas, te das cuenta de que has caído bajo su control e influencia. Está donde menos creerías encontrarla.

La boa

Como reptil, lentamente se desliza hacia tu mundo. Al hacerlo, te limita, te oprime y te inmoviliza hasta lograr un dominio total sobre tu persona. Conoce todas las formas de entrar en tu mundo y de adueñarse de él, hasta que logra despojarte de tu libertad.

Cuando establecen una relación amorosa, la mayoría de las personas se van adaptando poco a poco a su pareja, a sus características, gustos y estilos. Sin embargo, la boa no permite esto; impositiva y criticona como es, llega para cambiarlo todo:

censura tu forma de hablar, satiriza tu manera de vestir y tu falta de sentido de la moda, insiste en el mal gusto que refleja la decoración de tu hogar, y reprueba lo maleducados que son tus hijos. Además, rápidamente crea barreras en tu familia, buscando y encontrando errores y fallas por doquier. A corto o a largo plazo, te aleja de todo sistema de apoyo, para tenerte completamente a su merced.

Su ataque es brutal: te envuelve y te comprime hasta inmovilizarte, a fin de controlar todos los aspectos de tu vida. Cuando tu pareja es la boa, nunca estás del todo solo, ya que ella te persigue, siempre está en tu derredor. Si logras escapar, se guía por el sonido de tu respiración para encontrarte..., y lo logra.

Es experta en identificar tus debilidades; así se asegura de que, al atacar, saldrá victoriosa. Cuando finalmente llega a conocerte por completo, te posee. Como resultado, arrebata tu libertad y terminas en un mundo de mentiras donde al cabo pierdes tu identidad y tu amor propio.

La mosca

Insoportable, encimosa y entrometida, siempre está buscando el modo de inmiscuirse en los asuntos personales de los demás. Por mucho que hagas para deshacerte de ella, no lo conseguirás. Incluso cuando crees que has logrado que se retire, puedes escuchar sus murmullos y susurros, y desde luego no tarda en regresar. Lo triste es que la mosca realmente cree que tú quieres estar con ella y que te agrada su presencia. Por lo tanto, la idea de alejarse de ti no es factible.

Invitada o no, se entromete en los asuntos de los demás y todo lo critica o lo quiere cambiar según su forma de ver las cosas. Algo curioso sucede con las moscas: cuando tratas de acercarte a ellas y crees que has logrado una conexión, inmediatamente vuelan y se alejan por miedo a la intimidad emocional.

Búscalas en problemas de pareja o en conflictos familiares, en discusiones y situaciones nocivas: ahí están. Las atraen las cosas negativas y hasta parece que este tipo de situaciones las persigue. Pero son ellas las que vuelan a estas situaciones. Son las primeras en salir de sus casas cuando hay algún problema en la casa del vecino. No salen para ayudar, sino para enterarse de lo que sucede y para crear más conflicto. Siempre las ves a un lado, hablándole al oído a alguien, seguramente de forma negativa, sobre otra persona.

La mosca se alimenta de la negatividad o de la desgracia de las otras personas. Por ejemplo, en una situación donde alguna persona tropieza con una piedra y cae, la mayoría de las personas dirían: "Pobre, mira el golpe que se dio. Qué bueno que no se fracturó un hueso". En cambio, la mosca piensa: "Eso le pasa por tratar de estar en todo. Si se quedara tranquila en su casa no le pasaría todo esto; sólo ella tiene la culpa, ella se lo buscó". Ven las cosas de forma negativa y superficial. Jamás demuestran un interés noble por los demás.

El payaso

¿Quién no se siente atraído por la gracia, las travesuras, la picardía y la alegría de un payaso? Este personaje nunca pasa inadvertido. Por el contrario, le gusta llamar la atención de todos con exageraciones. Su conducta es extravagante y descomedida, y le encanta usar ropa llamativa que, generalmente, él mismo crea. Rara vez encuentras a un payaso en una conversación seria por mucho tiempo. Inyecta humor para poder disipar los problemas e inseguridades que carga. Detrás de su disfraz de frivolidad y falta de preocupaciones, hay un ser humano inseguro, con numerosas debilidades personales; cargado de dolor y depresión, nunca muestra ni enfrenta la verdad.

Los payasos disfrazan lo que sienten y creen ser, para poder escapar temporalmente de una vida triste y desbalanceada. Su humor y su forma de ser los convierten a la larga en personas pedantes, traicioneras y carentes de respeto y consideración, sobre todo por la persona a la que profesan amor.

Cuando no está actuando, el payaso se mantiene aislado y en su propio mundo. Su depresión se enmascara con risas falsas que le sirven para acentuar su negatividad, su personalidad morbosa y su actitud pesimista. El payaso causa mucho daño emocional a las personas que lo rodean, pero cubre este hecho con humor. Critica y se burla de todo, incluso de las debilidades de los demás. Es un excelente observador que identifica lo que más duele a las personas, y estos puntos dolorosos son el arma que él utiliza contra ellas, bajo el disfraz de un chiste o de una broma. La debilidad de otro es el beneficio y la fuerza del payaso. Entre bromas y chistes, intercala puñaladas al corazón.

El don Juan y Cleopatra

Muy similares al vampiro en su estilo y garbo, elegantes y provocativos, tanto el don Juan como su contraparte femenina, Cleopatra, son expertos en despertar emociones y sentimientos nunca antes encontrados. Su especialidad: la seducción. Poseedores de una labia extraordinaria, provocan reacciones positivas en todo aquel que se les acerca. Son rápidos para despertar emociones en los demás, sobre todo aquéllas que se traducen en conflictos.

Su necesidad de conquistar está basada en una profunda inseguridad que nunca logran sanar. Aunque aparentan ser personas apasionadas, debajo de su disfraz de conquistadores existe un ser humano inseguro y débil que daña por medio de traiciones, falta de respeto y engaños; sus constantes conquistas le sirven para asegurarse de que es un ser valioso y amado, aunque nunca llega realmente a creerlo. Necesita conquistar, y tras cada conquista nace la necesidad de volver a conquistar. Como un adicto ansioso y desesperado sin la droga, el don

Juan y Cleopatra necesitan conquistas (su droga) para aliviar su nerviosismo y su inseguridad. Cada nueva conquista los mantiene tranquilos por un tiempo, hasta que la inseguridad y la adicción resurgen.

Este personaje, hombre o mujer, le teme a la intimidad emocional, tal vez porque nunca la recibió durante su niñez. Al ser este sentimiento desconocido para él, lo llena de miedo tener que abrirse a otra persona. Por lo tanto, opta por reemplazar la posibilidad de intimidad emocional en una relación estable, por continuas y breves conquistas y seducciones, las cuales lo mantienen fuera del riesgo de lo desconocido. Engañándose a sí mismo, cree tener una relación estable, cuando lo que en realidad tiene es una relación ficticia o falsa, una ausencia de auténtica relación. Obviamente, la traición es parte de la vida de esta persona. La traición pone fin a la relación cuando ésta comienza a volverse íntima y llena de emociones, algo que este personaje no sabe cómo manejar; su aversión a estas emociones hace que no respete límites y que nunca sacie su sed de conquistar. Prefiere el contacto físico al contacto emocional. Por lo tanto, sus conversaciones se relacionan típicamente con la sexualidad y no con el amor. Tiende a ser o muy machista o muy feminista, y rechaza situaciones románticas o tiernas.

El súper hombre o la súper mujer

Este personaje llega a nuestras vidas a liberarnos del peligro, a rescatarnos de problemas y a salvarnos de los monstruos con los que vivimos. Al principio sus intenciones parecen ser nobles y honestas. Nos preguntamos por qué no existen más personas como ellos en el mundo: desinteresadas, serviciales, bondadosas. Creen que pueden resolver todos los problemas y que no necesitan nada ni a nadie. Generalmente nos llenan de seguridad, ofreciendo todo a cambio de nada. Se consideran indestructibles.

Este personaje disimula a una persona extremadamente insegura y vacía, carente de amor propio. Anhela reconocimiento, glorificación y la devoción absoluta de otros, sin que le importe a qué extremos tenga que llegar, ni qué sacrificios deba hacer para conseguirlo. Mientras más sacrifique, mejor se siente consigo mismo. Busca gloria y admiración y se cree indispensable. Este personaje cree que, sin él, los demás no pueden funcionar en forma adecuada. Lo necesites o no, lo busques o no, ahí está y no se va.

Es una persona que no soporta el fracaso. Si en algún momento las cosas no salen como ella esperaba o las planeó, culpa a los demás de su propia incapacidad. No es realista, y espera constante reconocimiento y aplausos. Porque espera demasiado, nunca llega a sentirse completamente satisfecha, ya que sus expectativas son muy altas. El súper hombre y la súper mujer siempre andan en busca de las personas necesitadas.

> Todo lo negativo alberga algo positivo;
> descúbrelo y reestructura tu vida.

capítulo 5

Para los gustos
se hicieron los colores

Víctima es todo aquel que cede su poder, la dirección, el sentido y el valor de su vida, a otra persona, cosa o situación. Muchas personas criadas en hogares sin calor, en familias descorazonadas y de sentimientos desérticos, llegan a creer que no merecen recibir nada positivo en sus vidas. Viajan por el mundo con la mirada perdida, sin fijarse en los caminos que la vida les muestra y hasta les coloca justo delante de ellos. Se preguntan por qué deberían emprender tal camino, si lo más probable es que en él encuentren más desolación, más frialdad y más rechazos. Y así, como pequeños robots de baterías, se mueven de un lugar a otro, tropezando con la misma situación y sufriendo a un monstruo tras otro, todos los años de sus vidas.

¡Suficiente! Es tiempo de ponerle un alto a esta actitud de víctima, donde la autocompasión, la crítica y la desubicación son las normas a seguir. Claro que si nos creemos víctimas y andamos por el mundo así de confusos y despistados, vamos a tropezar con personas y situaciones peligrosas y dañinas.

Por lo general, las víctimas son personas convencidas de que todo lo malo les sucede a ellas y a nadie más. Imagínese usted a una víctima sentada frente a su televisor, disfrutando una película, o tal vez una telenovela, donde Victoria Azucena le dice a su padre Francisco Antonio:

—Papá, no tengo suerte con los hombres. Acabo de terminar con Marcos Fernando.

—Hija —responde su padre, consternado—. ¿Qué fue lo que sucedió? Todo marchaba tan bien...

—Papá, me engañó con otra. Me dijo que yo era fea y gorda, y que era aburrida.

Aquí la víctima, que ha estado escuchando el diálogo con gran interés, se dice a sí misma:

—Eso no es nada comparado con lo que me pasó a mí. Dejé a mi familia por un hombre. Le entregué los mejores años de mi vida. Trabajé, y todo el dinero que ganaba se lo entregaba a él, semana tras semana. Llegué a pedirle a mi hermana que viniera durante la noche, mientras yo trabajaba, para que lo acompañara. Dejé la escuela y conseguí un segundo trabajo para poder comprarle su camioneta nueva. ¿Y para qué, para que sacara todo nuestro dinero del banco y se fuera con mi hermana... y en la camioneta nueva? ¡Tú qué sabes de la vida, Victoria Azucena, no sabes lo que es sufrir como sufro yo! Por lo menos tienes a tu padre, que te apoya, y aun así te quejas. Yo estoy sola, no tengo a nadie en este mundo. ¡Cuánto diera por que mi esposo regresara conmigo, yo le perdonaría todo!

De igual forma, estas personas creen que todas las enfermedades las rondan a ellas, y que no tienen ningún control sobre sus destinos. Consideran que todo lo que les sucede es porque: "Ése es mi destino". Además de sumisas y decaídas, son expertas en crear una sensación de tristeza y autocompasión, a fin de atraer y recibir atención. Como no se consideran dignas de recibir atención, debido a que creen carecer de atributos positivos, se exponen desesperadamente a situaciones negativas y autodañinas, con el fin de que ALGUIEN les ponga atención.

Las víctimas se comparan a menudo con otras personas que tienen lo que a ellas les falta: "Si yo tuviera una mamá como la tuya..." "Si Dios me hubiese dado un mejor cuerpo". "Si yo fuera más inteligente, papá me querría más". Y cuando les preguntas cuál es la razón de esta actitud incorrecta, de sus falsos problemas, de sus constantes decepciones, nunca saben expresarla, no la pueden encontrar; su respuesta siempre es: "No lo sé".

Lo triste de las víctimas es que sacrifican para recibir. Sacrifican autonomía, respeto propio, bienes, comodidades, felicidad, familia, dinero, descanso, alimentos, posiciones laborales, aumentos de sueldo, desarrollo y crecimiento, con tal de recibir aunque sea una limosna de atención y afecto por parte de quienes ellas creen amar o querer. Siempre verás a una víctima haciendo hasta lo imposible por los demás, pero nunca por sí misma. Todo lo hace con el propósito de que ALGUIEN la quiera, de que ALGUIEN le ponga atención y la haga sentirse importante; para que ALGUIEN la haga sentir que existe. Y generalmente ese ALGUIEN es un monstruo.

Las víctimas del vampiro

Hay monstruos para todos los gustos; para cada víctima existe un monstruo especial. Por ejemplo, el vampiro atrae muchísimo a las personas que se consideran aburridas, sin capacidad de conversación, sin destrezas sociales. Como por ósmosis, la víctima trata de absorber parte del garbo y el encanto del vampiro, para sentirse más importante. De igual forma, con una víctima de este tipo a su lado, el vampiro se siente mucho más importante, y sus dones salen más a relucir. Las parejas de los vampiros no se consideran atractivas, y sienten que los demás sacan provecho de ellas. Para la eterna pareja del vampiro –novia o novio, esposa o esposo, porque tanto hombres como mujeres pueden ser vampiros–, sacrificarse por el bien de los demás es la ley. A esta víctima la domina el deseo de salvar a todos, de entregarse totalmente y sin condiciones.

—¿Necesitas que te preste mi auto? Yo puedo caminar a mi trabajo. Considéralo hecho.

—¿Quieres que te preste una cantidad grande de dinero para sacar a tu amigo de la cárcel, aunque fue arrestado por venta de drogas a menores? Aunque no estoy de acuerdo con lo que él hizo, con tal de que tú estés feliz, aquí está el dinero.

—Claro que tu hermano se puede quedar seis meses con nosotros en la casa. No importa que la última vez que se quedó, se haya robado mi anillo de matrimonio. Si así lo quieres, así será.

La falta de límites y el miedo a ser abandonado(a), hacen que este tipo de víctima soporte todo tipo de humillaciones y privaciones, que haga toda clase de sacrificios, con tal de retener a su lado al ilusorio vampiro, cuyo porte, fineza y garbo la hace sentir que vale más: "Si con él luzco mejor, o si me luzco a su lado, me siento mejor".

Las víctimas del hombre lobo

Al hombre lobo se sienten atraídas víctimas que, por provenir de familias abusivas, llevan autoestimas dañadas y son propensas a soportar maltratos y abusos. Todos buscamos lo familiar, lo que conocemos. Por ejemplo, la mayoría de las personas que viajan al extranjero, lo primero que hacen es buscar un restaurante con un menú típico de su país de origen.

Todos buscamos lo familiar, lo habitual, lo que se nos enseñó toda la vida. A esto se debe que las personas que provienen de familias abusivas busquen a personas prepotentes, arbitrarias y violentas, o a personas extremadamente buenas. El peligro reside en que el estado emocional de estas personas es tan frágil que caen fácilmente en las garras de los abusivos. Para el hombre lobo, este tipo de víctima es "justo lo que me recetó el doctor". La víctima del hombre lobo suele tener poca experiencia en relaciones amorosas, carece del necesario amor propio y siente una enorme y voraz necesidad de ser amado(a). La mujer abusada, fácilmente termina con un hombre lobo a su lado. Las víctimas son personas a las que les encanta complacer a los demás; son los salvadores o rescatistas, aquellos que confían ciegamente en todo y en todos (aunque los acaben de conocer), y también las personas sobreprotegidas que, por lo mismo, no tienen la indispensable experiencia de la vida. Por lo general, éstas terminan con hombres lobo en sus camas. Al hombre lobo le interesa el tipo de persona que cree que puede cambiar a los demás.

Las víctimas de la bruja

Desde luego que existen víctimas que atraen de manera especial a las brujas: las personas inseguras que, en cierto modo, desean ser controladas. Por lo general, son personas que trabajan en posiciones que exigen mucha responsabilidad y dedicación; se pasan el día dirigiendo a otras personas y controlando un sinfín de situaciones. Al final del día, buscan a alguien con quien olvidar o que les quite esa gran responsabilidad de encima, exponiéndose a ser controlados. Curiosamente, si vemos a estas personas en acción en sus lugares de empleo, nunca creeríamos que son personas con egos débiles y personalidades dañadas. No tienen una buena opinión de sí mismos, y buscan complacer a los demás con excesiva frecuencia.

Aunque trabajan en posiciones de alta responsabilidad, son personas que carecen de experiencia en el ámbito de las relaciones humanas personales. Su inseguridad es tan marcada, que nunca logran estar satisfechos de sí mismos, y abrigan constantemente el temor de que pueden perder tanto a sus seres queridos como sus empleos y logros. Por lo tanto, en los momentos de enfrentamiento, o ante la posibilidad de una promoción, aceptan menos de lo que merecen o necesitan, con tal de no causar malestar o conmoción. Su forma de pensar se puede definir con la siguiente idea: "Un poquito es mejor que nada".

Las víctimas del alma perdida

La víctima de las almas perdidas tiene una enorme necesidad de rescatar. Considera que si no ayuda o rescata a alguien que lo necesita, no es buena persona. Se identifica con sus obras y se mide por ellas, no por lo que es. Su autoestima, desde luego, es baja. Movido por su afán de sentirse mejor ser humano, y de levantar su autoestima, se llena de creencias falsas, las cuales le van creando una falsa realidad. Según esta persona, todos la buscan por sus buenos consejos.

En las reuniones, es la persona que suele ofrecer opiniones y consejos. Sin que nadie se los haya pedido, se compromete a solucionar situaciones graves, incluso a personas desconocidas. Desde luego que muchas personas se alejan de esta víctima, ya que la sienten sofocante y entrometida.

La víctima del alma perdida se considera sensible y emocional, cariñosa y romántica. Con facilidad teje en su mente un mundo irreal en el que todo es color de rosa, donde los pajarillos cantan alrededor de flores perennemente frescas. Sintiéndose muchas veces sola en su ilusorio mundo, creado para amortiguar sus debilidades y desilusiones, esta víctima procura convencer a otros de que la vida es preciosa y libre de problemas. En realidad, esta persona le tiene pavor a enfrentar problemas serios, ya que no cuenta con la experiencia necesaria ni la fuerza interna para manejarlos.

Esta víctima pasa su tiempo evadiendo los problemas reales de su vida; así, cuando estos problemas ya no pueden ser soslayados por más tiempo, se llena de miedo al tener que enfrentarlos, pues la obligan a mirarse a sí misma, a considerar seriamente su propia vida y su realidad. Inmediatamente, se vuelca a resolver los problemas de los demás, convenciéndose de que lo que más importa es resolver los problemas del prójimo. En su mente consciente, desea evitar el sufrimiento ajeno; pero, inconscientemente, se sirve de este deseo para no tener que enfrentarse a sus propios problemas.

Las víctimas del fantasma

Si tienes un fantasma a tu lado, eres una persona que le teme a la intimidad emocional. A eso se debe que las parejas que has tenido en tu vida son personas que te hicieron daño, pues las elegiste indiscriminadamente. Aún más, cuando se te acerca alguien que es buena persona y realmente puede llegar a ser una excelente pareja, inmediatamente le encuentras defectos para rechazarlo. Estos defectos pueden ser cosas tan mínimas como: no me gusta su nariz; su cultura es muy diferente de la mía; es muy aburrido, no le gusta bailar. Sin embargo, cuando llegan a tu vida personas que son problemáticas, conflictivas, tal vez agresivas o dañinas, de inmediato te sientes enamorado(a) de ellas, y al cabo de sólo unos días, ya estás pensando en el matrimonio.

Las víctimas de los fantasmas son personas que carecieron de afecto y amor durante su infancia. Son personas que provienen de hogares disfuncionales en los que había problemas de adicción, situaciones de agresividad, divorcios o separaciones, o tal vez el fallecimiento de uno o de los dos padres. Los hijos adultos de alcohólicos tienen una alta probabilidad de encontrar a un fantasma en su cama. Además de lo ya mencionado, muchas de estas víctimas sufrieron de abuso sexual y físico durante su infancia.

Por tantas adversidades vividas, no se valoran adecuadamente a sí mismas. Son excelentes practicantes del Síndrome del yo-yo. Como ya vimos, este síndrome se caracteriza por ciclos repetitivos de alejamiento y aproximación a la pareja. Al principio, esta víctima se acerca de forma emocional a su cónyuge. Sin embargo, cuando llega a un punto donde la cercanía es tan intensa que le asusta, su reacción es la de volver a alejarse. Con el tiempo, comienza a alejarse más y más. Pero cuando esta víctima se da cuenta de que está perdiendo a su pareja, vuelve a acercarse, a buscar la intimidad emocional, prometiendo que va a cambiar, y así logra que su pareja se acerque a su vez nuevamente. Pero la intimidad emocional vuelve a producirle miedo a la víctima, que de nuevo hace algo para alejar a su pareja. Y así sucesivamente. Esta persona vive en una vida de yo-yo: lejos, cerca, lejos, cerca, en una relación inestable y poco saludable.

Así, la víctima del fantasma siempre se siente insatisfecha y vacía. Haga lo que haga, cualquier cosa que intente, jamás consigue llenar esos huecos emocionales. Aunque su comportamiento tiende a la satisfacción de sus necesidades emocionales insatisfechas, termina complaciendo a un monstruo que lentamente la destroza y la consume, dejándola con más huecos de los que tenía antes de conocerlo.

Las víctimas de la araña

Al lado de la araña siempre está alguien que se considera muy poco valioso. Esta víctima rara vez se atreve a alcanzar sus sueños, a proponerse metas, a enfrentar retos. Por lo general, lleva una existencia en la que prefiere pasar inadvertida, esconderse detrás de rutinas cómodas que no requieran de gran esfuerzo. Esta víctima es la eterna llorona, la que se pasa la vida lamentándose de que todos la utilizan y luego la abandonan. Su manera de ser tan pesimista y sombría, hace que las personas se sientan tan incómodas y abrumadas a su lado, que tarde o temprano se alejan de ella.

Además, esta persona es distraída, le cuesta trabajo prestar atención. Por lo general, su mente está en todo y en nada a la vez. Los demás la califican como "despistada", pero ella sabe que su falta de atención proviene de un profundo dolor emocional, del hecho de tener que andar por la vida sintiéndose indigna de logros y triunfos.

A la vez, esta víctima suele ser irreflexiva y reaccionaria; prácticamente no piensa en las consecuencias de sus actos. De igual forma, cuando al fin reacciona, lo hace en forma exagerada. Si alguien le presta atención de un modo amable, inmediatamente asume que esa persona está muy interesada en ella, por lo que adopta una actitud posesiva; dos días después de conocerla, ya ella está pensando dónde van a pasar su luna de miel. Su impulsividad exagerada la coloca en situaciones donde fatalmente perderá todo lo que ha logrado conseguir.

Las víctimas de la boa

La soledad les da pavor. Nunca desean estar solas, porque no se sienten a gusto consigo mismas. Estar solo implica la posibilidad de reconocer las propias debilidades y fallas, es decir, lo que este tipo de víctima se pasa la vida eludiendo. Las presas de la boa siempre buscan hallarse cerca de personas sociables y asertivas que las opaquen, con las que no se sientan el centro de atención de los demás, para que nadie se dé cuenta de sus debilidades y desventajas.

Si alguien les dice "no", o si alguien las rechaza o las excluye, entran en una fuerte depresión, pues no se sienten queridas ni aprobadas. En cambio, cuando alguien les da muestras de afecto, el sentimiento del propio valor e importancia queda revalidado. De igual forma, cuando reciben atención, son felices. La atención que desean es mínima; no piden mucho. Si reciben mucha atención, les da miedo y tienden a huir o a aislarse.

Una de las cosas que más se les dificulta es tomar decisiones. Su profunda inseguridad los vuelve incapaces de tomar una decisión seria. Una vez que creen haber agotado todas las opciones, justo cuando hay que tomar una decisión, crean una nueva duda o vacilación, un nuevo motivo para no resolver nada. Su miedo es a equivocarse, a ser juzgados por un error ya cometido o por cometer. Así pues, prefieren buscar a otra persona que tome la decisión por ellos. La persona desplaza la responsabilidad de sus acciones hacia la que tomó la decisión por él(ella). Ya no es él(ella) quien tomó la acertada decisión que trajo éxito, sino su pareja. Por lo tanto, la autoestima de estas personas se mantiene baja y lastimada ante los éxitos. El mérito es siempre de otro, de la persona que decidió por ellos. "Si no fuera por ella, no me iría tan bien en mi trabajo". La codependencia que se forma es extraordinaria, y la inseguridad que se fomenta es fenomenal. Esta persona deja de creer en sí misma; todos los demás sí pueden, pero ella, no.

Y cuidado si los rechazas, ya que caen en una posición de víctima que puede durar años.

Las víctimas de la mosca

Son solitarias y exclusivistas. Muy pocas personas pueden acercarse a ellas. Disfrutan su soledad, estar distanciados de los demás; no les gusta que otros se "entrometan" en sus asuntos. Sin embargo, esto es exactamente lo opuesto a lo que las moscas hacen con ellos. La mosca no respeta la necesidad de su víctima de estar sola, está sobre ella continuamente. La víctima la detesta, pero la acepta porque no quiere perder. Teme no tener a alguien con quien pueda contar para que la rescate.

Cuando estas víctimas se atreven a socializar, buscan complacer a los demás. El motivo es claro: si dan y complacen, reciben a cambio aprecio, reconocimiento y aprobación. Realmente no dan por dar, sino para recibir. No existen muchos límites para estas personas. A menudo sacrifican mucho, con tal de complacer a los demás. Es fácil que estas personas pierdan su identidad, pues se amoldan a las necesidades de otros. Lo que son depende de lo que otros esperan que sean: "En Roma, como los romanos; en Japón, como los japoneses". Nunca se puede saber cómo son en realidad, ya que sólo bajan sus guardias cuando están solos.

Para poder ser de este modo, estas personas han desarrollado una gran capacidad de adaptación. Son los camaleones más sofisticados que existen.

Las víctimas del payaso

Generalmente deprimidas y decaídas, son personas que rara vez se sienten bien. Son las primeras en hablar de enfermedades, de malestares y desilusiones. Tal parece que sus vidas no son más que una colección de traumas y decepciones.

Por el hecho de que sus conversaciones son negativas, olvidan profundizar en cosas importantes. Es típico que los demás las consideren personas superficiales y poco atractivas. Por lo tanto, las eluden para evitar así pláticas aburridas y tediosas. Cuando esto sucede, esta víctima lo percibe como rechazo. Su autocrítica es fuerte.

Pero si logran que alguien no se aleje y establezca una conversación con ellas, llegan a sentir mucho miedo. Temen que la conversación gire alrededor de temas cargados emocionalmente. Esta víctima teme a las emociones fuertes y las evade a toda costa. En los casos en que una conversación así llega a suceder, estas víctimas incrementan su negativismo, hasta que los demás, sintiéndose frustrados, se alejan. Una vez que sienten el abandono, estas personas comienzan a criticarse, a lamentarse de que nadie las quiere, sin darse cuenta de que son ellas las que alejan al interlocutor.

Tratando de imitar en cierta forma al payaso, esta persona recurre al humor para sentir que pertenece a grupos, conversaciones o situaciones. Los chistes o el uso del humor, le sirven para tolerar situaciones difíciles. Si su sentido del humor es cuestionado y percibido como inapropiado, estas víctimas responden que son así por su nerviosismo: "Los nervios me hacen reír". Finalmente, esta víctima llega a sentirse algo paranoica; inclusive hasta el extremo de pensar que los chistes de los demás están dirigidos a ella en son de burla.

Las víctimas del don Juan y Cleopatra

Las víctimas que son atractivas para los don Juanes y Cleopatras, son personas que se sienten infelices. No recuerdan haber encontrado felicidad en sus vidas y suelen lamentarse al respecto con mucha frecuencia. Sus rostros reflejan su infelicidad y tristeza: cejas fruncidas, cabeza sutilmente inclinada a un lado y poco contacto visual. Cargan un gran sentido de inferioridad y constantemente se comparan con otras personas. Generalmente, dichas comparaciones los hacen sentirse inferiores, se comparen con quien se comparen. Para cubrir sus inseguridades, estas víctimas cuidan mucho su apariencia personal y el orden en sus hogares o lugares de trabajo. Tratan de compensar sus debilidades internas adornándose exteriormente; por así decirlo, cubren un libro sucio con una portada limpia y nueva.

Creen que tienen la capacidad de cambiar a los demás, e invierten mucho de su tiempo en su esfuerzo por conseguirlo. Como resultado, establecen y quedan presas en relaciones tóxicas por años, esperando el día en que sus parejas cambien. Si tienen novios(as) abusivos(as), creen que al firmar el acta de matrimonio, cambiarán. Si tienen esposos(as) abusivos(as), creen que el primer hijo traerá el cambio. Si la esposa lleva años de casada y sigue siendo víctima de abuso por parte de sus parejas, cree que si vuelve a embarazarse (aunque tenga 50 años de edad), el marido cambiará. Si nada ha hecho cambiar a sus parejas, estas víctimas creen que si se enferman, lograrán transformarlas. Y si nada funciona, se lamentan hasta el día en que fallecen. Irónicamente, es entonces cuando su pareja cambia realmente.

Aunque causan la impresión de ser personas persistentes que no se dan por vencidas, en realidad sólo son soñadores que creen tener poderes sobrenaturales, los cuales les traerán tarde o temprano la felicidad, una felicidad que, por ilusoria, al cabo se revela como inalcanzable.

Como no se consideran personas valiosas, si alguien se interesa por ellas, o las apoya en cualquier proyecto, se llenan de satisfacción. Son personas que frecuentemente provocan lástima y, por consiguiente, despiertan en quienes las rodean el deseo de ayudarlas y rescatarlas; de tomarlas de la mano y guiarlas hacia el camino correcto. Esto es algo que estas víctimas nunca recibieron de sus padres y que siempre han añorado tener.

Las víctimas del súper hombre o la súper mujer

Provienen de familias rotas donde la falta de cariño, atención, respeto y unión eran la ley de cada día. Crecieron desamparadas y con miedo, conscientes de que nadie las protegía, de que sólo se tenían a ellas mismas para cuidarse y salir adelante. Son personas que sufrieron mucho durante su infancia y que, por lo mismo, anhelan encontrar una figura materna o paterna que las cuide y proteja. Muchas veces se fijan en personas mayores que ellas, para establecer una relación de pareja. Si le preguntas a una víctima masculina qué busca en su pareja, su respuesta siempre será: "Experiencia, seriedad y conversación inteligente". Y añade que no le gustan las personas inmaduras que sólo desean ser cuidadas. Estas personas no desean cuidar, sino sentirse apoyadas. Si le preguntas a una víctima femenina qué busca en una pareja, su respuesta típica es: "Alguien responsable que me cuide, que me apoye, que me proteja y que no me haga sentir sola".

Solos se sienten perdidos. Necesitan a alguien a su lado que les haga sentirse apoyados. Los consejos son muy importantes para estas personas. Si su pareja no se los ofrece, se frustran y comienzan a pedirlos y a veces a exigirlos. Los consejos que reciben de sus parejas validan la creencia de que son queridos, algo que desean intensamente.

Muchas veces los encuentras desenfocados, sin rumbo definido. La razón es simple: ésta es su forma de solicitar guía, protección y consejos. Cuando sus parejas se percatan de su estado de confusión, tratan de guiarlos y cuidarlos; exactamente lo que esta víctima está buscando. De igual forma, cambian de idea con mucha frecuencia y carecen de determinación. Siempre están midiendo y evaluando las reacciones de las personas a su lado, para determinar lo que deben hacer o decidir. Suelen ser excelentes intérpretes del lenguaje corporal y de los gestos faciales. Así advierten cuándo las personas que les rodean están enojadas, preocupadas, molestas o frustradas, e inmediatamente se culpan a sí mismos: "¿Te hice algo? ¿Estás enojado(a) conmigo?" Rápidamente se culpan y victimizan a sí mismos, para devolver la relación a su situación normal. No les agrada la inestabilidad, necesitan tranquilidad y saber que todo está bien.

Generalmente son ordenados y saben exactamente dónde dejan sus cosas y cómo encontrarlas. Si alguien tocó algún objeto suyo, inmediatamente lo saben. Esta necesidad exagerada de orden da estabilidad externa a una vida interna desorganizada e inestable.

Hipocondriacos, suelen enfermarse todo el tiempo. Sara era una señora que llevaba una vida sedentaria y tranquila. Diariamente veía televisión: sus telenovelas y otros programas. Cada día despertaba con un síntoma nuevo: dolor en el hígado, dolores de cabeza, problemas con las rodillas. Si durante el día escuchaba en una telenovela que a la viuda de Torreblanca le habían diagnosticado cáncer en el estómago, al día siguiente y por varios días consecutivos, Sara se quejaba de dolor en el estómago. Esto seguía hasta que la llevaban al doctor. Un día amaneció diciendo que percibía un mal olor en su nariz, y que estaba segura de que se le estaba "pudriendo por dentro". Esto duró años. Constantemente se tocaba y se presionaba la nariz, y pedía a sus familiares que se la olieran, para que corroboraran su propio diagnóstico. Sin embargo, cada vez que visitaba a su médico, éste nunca encontraba nada fuera de lo normal.

Estas víctimas desean con tanta pasión ser queridas, que hacen hasta lo imposible para recibir el cariño y la aprobación que tanto les urge sentir. Apenas los consiguen, necesitan más. Están pidiendo a gritos: "¡Quiéranme!"

▨ ▨ ▨

EJERCICIO

En el capítulo 3, pudiste determinar si tenías la posibilidad de ser víctima o monstruo. Profundicemos en esta interrogante. ¿Tienes las características de una víctima? ¿Tienes la manera de pensar de una víctima? ¿Te sientes víctima y, por lo tanto, ERES VÍCTIMA? Veamos.

En una hoja de papel, haz una lista de las características que posees. ¿Cómo eres? ¿Cuáles son tus cualidades? ¿Cómo reaccionas emocionalmente? ¿Cuáles son tus miedos? Descríbete con honestidad. Sólo te pido que no continúes leyendo hasta que hayas terminado la lista.

A continuación encontrarás una lista de las características típicas de personas que se comportan como víctimas. ¿Algunos, muchos o todos estos síntomas se aplican a ti? ¿Encuentras en esta lista características que incluiste en la tuya? Tal vez, al leer esta lista, reconozcas características de las cuales no te habías acordado, pero que te describen muy bien.

En la lista que está a continuación, coloca una marca (✓) al lado de cada frase que se aplique a tu forma de ser, que describa cómo eres la mayor parte del tiempo. Responde con completa honestidad.

☐ Lo desconocido me da miedo.

☐ Todo lo positivo que sucede en mi vida se debe a los esfuerzos de otras personas.

☐ Crecí en un hogar donde había pocas muestras de cariño/afecto.

☐ Mis padres estaban emocionalmente divididos.

☐ Me conformo con poco. Querer más es muestra de avaricia.

☐ No me siento completo(a) o cómodo(a) si no tengo a alguien a mi lado.

☐ Por lo general, siempre veo el aspecto negativo de las cosas.

☐ Todo lo malo me sucede a mí.

☐ Si alguien me cuenta sus problemas, siento que los míos son mucho peores.

☐ Siento que mi destino y mi futuro están fuera de mi control.

☐ Me siento bien cuando otras personas me cuidan y se preocupan por mí.

☐ Casi siempre estoy decaído(a).

☐ A nadie le importo. Nadie me presta atención.

☐ Me fijo mucho en las cosas, cualidades y suerte de otras personas.

☐ Se me dificulta encontrar el porqué de las cosas que me suceden.

☐ Antepongo el bienestar de los demás al mío.

☐ Cuando tengo problemas, me preocupo exageradamente.

☐ Me siento más seguro(a) y tranquilo(a) cuando sé que tengo a alguien a mi lado.

☐ Si no pienso en mis problemas, no me afectan tanto.

☐ A veces siento mucho miedo a todo.

☐ Nunca, o rara vez, me siento satisfecho(a).

☐ Muchas veces me siento utilizado(a) por los demás.

☐ Siento que las personas no me valoran.

☐ Me da miedo estar solo(a).

☐ Me deprimo con facilidad.

☐ Mi estado de ánimo depende en gran medida de cómo otras personas me hacen sentir.

☐ Se me dificulta tomar decisiones por mí mismo(a).

☐ Me da miedo sentirme feliz.

☐ Me da miedo comenzar relaciones nuevas (amistad o pareja).

☐ Mi vida siempre ha carecido de felicidad.

Todas las frases en esta lista describen a una persona que piensa como víctima. Mientras más características hayas seleccionado, más fuerte es la posibilidad de que también tú pienses como víctima o te comportes como tal. Recuerda que si piensas como víctima, te comportas como tal. Si te comportas como víctima, todas tus acciones, pensamientos, conductas y decisiones pasan por el filtro de una víctima. Por lo tanto, atraes a otras víctimas a tu vida (y peor aún, a monstruos). Existen diferentes tipos de víctima, una para cada monstruo. En el próximo capítulo podrás definir qué tipo de víctima eres tú. Por ahora, debes hacerte consciente de los pensamientos, conductas y características que te hacen víctima.

Las víctimas buscan atención. Sienten un gran vacío en sus vidas, un vacío que quieren llenar con la atención o la intervención de otras personas. No creen que ellos mismos pueden lograr valorarse o sentirse cómodos y satisfechos con sus propios dones y capacidades. Se victimizan, es decir, se convierten en víctimas, para que otras personas les dediquen la atención que tanto desean. Lo triste es que la víctima tiene que sacrificar su seguridad personal y su estabilidad emocional, para comprar un poquito de afecto, reconocimiento y cariño. Lo ideal seria identificar las necesidades que tenemos desde la infancia, y llenar esos huecos nosotros mismos (Ejercicio 3, en el capítulo 2). En lugar de buscar atención convirtiéndonos en víctimas, podemos simplemente pedir afecto, comprensión, comunicación y apoyo. La comunicación es la clave en estos casos. Si nos armamos del valor suficiente para pedir lo que queremos, dejaremos atrás patrones negativos de conducta y podremos desarrollar nuevas habilidades. Pedir sanamente lo que necesitamos, nos permite mantener el control de nuestras vidas; no tenemos que depender de nadie para sentirnos bien, podemos asumir el control de nuestras propias vidas y satisfacer todas las necesidades emocionales que tengamos.

No hay mejor forma de conservar el control de nuestras vidas, que saber que todo lo que hacemos es una opción: estamos donde estamos porque ahí queremos estar. Esto implica que si nuestras estrategias para satisfacer nuestras necesidades emocionales no están funcionando, podemos cambiarlas por estrategias más efectivas. La vida es un proceso de opciones, cambios y reestructuraciones. De cada error aprendemos algo; de cada caída, la razón por la que caímos, además de cómo levantarnos. Respecto de cada necesidad emocional que tengas, busca la forma de llenarla tú solo(a). Jamás dependas de otra persona para hacerlo. Así recuperas el control al que habías renunciado o que habías perdido. Retoma tu vida, recuerda que está llena de posibilidades, y que sólo en tus manos está alcanzarlas.

◨ ◨ ◨

Todo lo que necesitas para ser feliz está dentro de ti. Tú te lo puedes dar.

capítulo 6

¡Identifícate!

"La verdadera víctima del vampiro, por favor, póngase de pie". Una vez que has aprendido las diferentes características de cada monstruo, y después de haber identificado los rasgos de sus víctimas, ¿en cuál te reconoces tú? Remitámonos al capítulo titulado "¿Y tú, quién eres?", donde llenaste un cuestionario que describe diversas cualidades personales.

Regresa a ese capítulo y cuenta el número de las peculiaridades que marcaste en cada serie. Por ejemplo: Serie 1: cinco características; Serie 2: ocho características, y así sucesivamente, hasta que obtengas un total para cada una de las 11 series.

Ahora busca cuál de las 11 series contiene la mayor cantidad de respuestas marcadas. Para comprender el significado de este ejercicio, es importante que sepas que cada serie corresponde a un monstruo. Las características en cada serie son las que distinguen a las víctimas que generalmente son atractivas para cada monstruo, víctimas que a su vez se sienten atraídas hacia su correspondiente tipo de monstruo. La serie donde identificaste la mayor cantidad de rasgos característicos es, claro, la representativa del monstruo que más atraes o hacia quien te sientes más atraído(a). Sin embargo, existen situaciones donde varias series contienen la misma cantidad de marcas. Esto simplemente implica que eres atractivo(a) a más de un tipo de monstruo, o que tú eres atraído(a) por más de un tipo de monstruo.

El propósito de este ejercicio es el de hacerte consciente de cómo tu personalidad define al individuo que atraes o hacia quien te sientes atraído(a). Luego de identificar cuál es tu monstruo o monstruos, su preferencia o preferencias, el próximo paso es encarar y deshacerte de las cualidades negativas, tóxicas o nocivas que posees, con miras a crear una personalidad sana, saludable y positiva.

He aquí entonces el monstruo que le corresponde a cada serie:

¿Cuál es tu monstruo?	
Serie 1	El vampiro
Serie 2	El hombre lobo
Serie 3	La bruja
Serie 4	El alma perdida
Serie 5	La araña
Serie 6	La boa
Serie 7	La mosca
Serie 8	El payaso
Serie 9	El don Juan y Cleopatra
Serie 10	El súper hombre o la súper mujer
Serie 11	El fantasma

Lo peor que puedes hacer es criticarte, castigarte o sentirte mal por lo que acabas de descubrir. Al contrario, en tus manos tienes ahora el conocimiento necesario para comenzar a hacer cambios en tu vida. Cada característica negativa que hayas identificado en las diferentes series, requiere trabajo, reestructuración y cambio. Por ejemplo, si eres de esas personas que no pueden decir: "No", necesitas aprender a valorar tu opinión y valores propios, y tomar conciencia de que si alguien se aleja de ti por la sola circunstancia de que no le hiciste un favor o no le cumpliste un deseo, esa persona no merece estar cerca de ti. El próximo capítulo te ofrece una serie de sugerencias para ir resolviendo las características negativas que posees, para que dejes atrás de una vez a esos monstruos en tu cama, y para que aceptes que TODO LO QUE NECESITAS EN ESTE MUNDO PARA SER FE-

LIZ, ESTÁ DENTRO DE TI. Nadie te lo tiene que dar: TÚ y nadie más que TÚ, puede llenar todas tus necesidades emocionales. Recuerda que llegaste a este mundo como un ser completo. Dentro de ti, como una semilla, está todo lo que necesitas. Tú eres autosuficiente. Ejerce tu derecho a ser tú, a ser feliz, sabiendo que la única persona responsable de tus buenas o malas decisiones, de que te sientas feliz o infeliz, de que seas asertivo o negligente y holgazán, eres TÚ.

▣ ▣ ▣ | ESCUCHA EL CD |

EJERCICIO 1. PARA ELIMINAR LOS PENSAMIENTOS, CARACTERÍSTICAS Y CREENCIAS NEGATIVAS

A fin de eliminar los pensamientos, características y creencias negativas de tu vida, es decir, la actitud general que te ha convertido en víctima, volvamos a practicar un ejercicio de visualización.

Vuelve a encontrar un lugar tranquilo donde puedas relajarte sin interrupciones.

Quítate los zapatos y atenúa las luces.

Acomoda tu cuerpo y cierra los ojos.

(Repite aquí todos los pasos –indicados en el Ejercicio 1 del capítulo 2– de la respiración de la paz. Después imagínate que estás de nuevo en ese lugar especial...)

Inhala por la nariz durante siete segundos, detén tu respiración por tres segundos y exhala suavemente por la boca durante siete segundos.

Al exhalar, imagina que estás tratando de apagar suavemente una vela frente a ti, permitiendo que el aire salga suavemente de tus pulmones.

Inhala profundamente por tu nariz, llenando tus pulmones de aire por siete segundos, 1, 2, 3, 4, 5, 6, 7. Detén tu respiración por tres segundos, uno... dos... tres; y ahora exhala lentamente por tus labios por siete segundos, 1, 2, 3, 4, 5, 6, 7.

Vuelve a respirar profundamente, llenando tus pulmones de aire y tu cuerpo de relajación.

Detén tu respiración por tres segundos, uno... dos... tres. Exhala. Con cada exhalación profundizas tu tranquilidad y te relajas más. De nuevo inhala, 1, 2, 3, 4, 5, 6, 7.

Detén tu respiración, uno... dos... tres.

Y ahora exhala suavemente por siete segundos, cada vez más relajado(a), cada vez más en paz.

Toma la decisión en este momento de relajar tu respiración aún más, hazla más ligera, más lenta y menos profunda.

De la misma forma en que has relajado tu respiración, vas a ir relajando cada parte de tu cuerpo. Una por una, llevando tu cuerpo a un profundo estado de tranquilidad y relajación.

Relajando tu cabeza y tu frente, asegurándote que tu frente no esté fruncida.

Relajando también tus cejas y tus párpados.

Sintiendo tus párpados sumamente pesados.

Relajando tus pómulos, tu nariz y tus labios.

Permitiendo que tus dientes se separen un poquito y que tus labios también se separen.

Abriendo tu boca levemente.

Relajando tu mandíbula y tu cuello, al igual que la parte posterior de tu cabeza y de tu cuello.

Dejando caer tus hombros, sintiendo lo ligero que se sienten en este momento.

Relajando tu pecho y tu respiración, aflojando tus brazos, tus manos y cada uno de los dedos de tus manos.

Si centras tu atención en los dedos de tus manos, tal vez sientas un ligero cosquilleo en las puntas, lo cual es señal de la relajación que sientes en este momento.

Relajando el área de tu abdomen, tu cintura y tus caderas, tus glúteos y tus muslos, y luego tus piernas y tobillos...

Relajando tus pies y los dedos de tus pies, relajando completamente las plantas de tus pies, sintiéndote profundamente relajado(a).

Con cada inhalación, llenas tu cuerpo de tranquilidad y paz.

Y con cada exhalación, dejas salir cualquier tensión, ansiedad o estrés que lleves contigo.

Imagina una preciosa escalera. Créala del color que más te agrade y de la forma que más te plazca. Piensa que estás descendiendo por esta escalera imaginaria, escalón por escalón, peldaño a peldaño.

Tiene veinte escalones.

Con cada escalón que desciendas, te sientes más y más relajado(a).

Cuando llegues al escalón número 1, estarás completamente relajado(a) y en paz. Tu cuerpo se sentirá pesado y profundamente relajado. Tu mente estará profundamente relajada.

Bajando al 19, 18, 17... Cada vez más y más relajado(a), 16, 15, 14..., acercándote al 1, relajándote cada vez más profundamente..., 13, 12, 11. En paz, tranquilo(a), 10, 9, 8... Tu cuerpo más relajado y más pesado. Y tu mente relajándose profundamente, casi llegando al 1...

7, 6, 5. Plenamente relajado(a).

4, 3, 2 y 1. Cuando llegues al 1, estarás completamente relajado(a).

UNO.

Completamente relajado(a). Profundamente relajado(a).

Ahora, toma la decisión de relajar más aún tu respiración.

Imagínate que estás de nuevo en ese lugar especial; ese lugar tuyo y de nadie más, donde nada malo ni negativo te puede suceder.

Disfruta el momento.

Siente cómo el viento sopla suavemente sobre tu cara, refrescándola cada vez más.

Cada vez que sientes la caricia del viento, te relajas más profundamente.

Cada vez más en paz; cada vez más tranquilo(a).

Imagina que en el centro de ese lugar hay una enorme pizarra.

Camina hacia ella lentamente, hasta que la puedas ver frente a ti.

Desde donde estás, puedes ver que la pizarra está llena de palabras y frases.

Acércate más a la pizarra, despacio, caminando tranquilo(a) y en paz.

Vuelves a sentir el soplo del viento, refrescándote y relajándote cada vez más.

Al llegar a la pizarra, lee lo que está escrito en ella.

Son todos los mensajes negativos que has creído, pensado, creado y escuchado sobre ti.

Tómate unos minutos para leerlos; uno por uno.

Algunos de estos mensajes pueden causarte dolor, otros enojo, unos más frustración.

Pero ahí están. Todos los mensajes que has llevado contigo hasta ese momento.

Mensajes que te han hecho sentir una víctima impotente, fuera de control.

Ya que los hayas leído todos, toma la decisión de no seguir cargando estos mensajes, ni en tu alma ni en tu vida, ni en tu mente ni en tu corazón.

Estos mensajes te han limitado, te han causado muchos sufrimientos y amarguras.

Ya no los necesitas.

No deseas seguir cargándolos más.

Buscas a tu alrededor y encuentras sobre una pequeña mesa un borrador y tizas o gis.

Toma el borrador y comienza a borrar de la pizarra cada uno de esos mensajes negativos que tanto te han dañado y limitado.

Comienza a borrar de tu vida toda la negatividad que has cargado, aun sin saberlo.

Borra los mensajes, uno tras otro, hasta que la pizarra quede limpia.

Limpia de negatividad.

Ya que hayas borrado todos los mensajes, mira la pizarra y siente la sensación de paz y tranquilidad que tanto has deseado, la sensación de paz que te trae saber que TÚ y sólo TÚ has eliminado todas esas cosas que te habían hecho sentir tan mal.

Ahora toma una tiza o gis, y comienza a escribir en la pizarra de tu vida todos los mensajes positivos que te describan.

Por ejemplo: "Soy un(a) buen hijo(a)", "Ayudo a las personas que me necesitan", "Sé dar amor y cariño", "Hago lo posible por escuchar a las personas que necesitan un oído".

Continúa escribiendo todos estos mensajes, hasta que ya no tengas ninguno más que escribir.

Ya que hayas terminado, fíjate en la pizarra: está llena de mensajes positivos.

Todos te describen a ti.

¿Eras consciente de que tenías tantas cualidades positivas?

¿Qué se siente saber que eres una persona positiva y llena de atributos?

Cuando hayas terminado de leer todos los mensajes que ahora te describen a ti, pon tus manos en la pizarra e imagínate que cada uno de esos mensajes va transfiriéndose de la pizarra a tus manos.

De tus manos a tu cerebro.

De tu cerebro a tu alma.

Y de tu alma a tu corazón.

Ya que estén todos esos mensajes dentro de ti, y que la pizarra esté vacía, disfruta la sensación de estar lleno(a) de positivismo y de mensajes alentadores.

Disfruta y celebra ser TÚ.

Ahora, cada vez que tu mente intente recordar alguno de los mensajes negativos que ya has borrado de tu vida, solamente tienes que decirte a ti mismo: "Estos pensamientos ya no son míos; no me pertenecen; ya los dejé ir".

Cuando estés listo(a), vas a contar hasta tres y luego vas a abrir los ojos.

Al abrirlos, vas a sentir tranquilidad, paz y seguridad.

Te vas a sentir alerta y con toda la confianza del mundo de que no hay nadie como tú.

Al abrir los ojos, comienza una nueva etapa en tu vida.

En ti se ha operado un cambio.

De la oscuridad a la luz.

De lo negativo a lo positivo.

Todo esto es posible, porque así lo deseas tú.

Tú tienes el control.

Uno, dos y... tres.

Desde este momentos y en adelante, no vas a permitir que los mensajes y pensamientos negativos que antes existían en ti y que llegaron a afectar tu vida de forma tan severa, regresen a tu mente consciente. Has tomado la decisión de que estos mensajes ya no son tuyos; ya no te pertenecen y ya los dejaste ir.

Persistir en los aspectos negativos es un hábito para los seres humanos. Puestos ante el vaso que contiene agua hasta la mitad, todos lo vemos medio vacío, y no medio lleno. En lugar de decirnos: "El cielo está parcialmente soleado", preferimos pensar: "El cielo está parcialmente nublado". Tal parece que la negatividad es la opción a tomar. Este modo de pensar negativo es sumamente dañino. El cerebro escucha los mensajes que nos damos. Si pensamos negativamente, nuestro cerebro se lo cree. Si pasamos la vida quejándonos, sintiéndonos víctimas y repitiendo mensajes negativos, nuestro cerebro se lo cree. Recuerda que la mente inconsciente no tiene un Pensador Crítico y, por lo tanto, cree todo lo que le digas. De igual forma, recuerda que aprendemos por repetición. Jamás en la vida se te va a olvidar que dos por dos son cuatro. ¿Por qué? Porque lo repetimos tantas veces que se grabó de forma permanente en nuestra mente. Lo mismo sucede con los mensajes negativos que nos damos. Tanto los repetimos que nuestra mente los va guardando de forma permanente. Si piensas negativamente, te comportas negativamente. Si te comportas negativamente, te sientes negativo.

Por lo tanto, tenemos que comenzar a cambiar la forma en que pensamos y la forma en que nos comportamos.

EJERCICIO 2

En una hoja de papel, traza dos líneas verticales, para que la hoja quede dividida en tres columnas. La primera columna la vas a titular: "Lo que soy"; escribe este título en la parte superior de la columna. A la segunda columna la llamarás: "Lo que quiero ser", y a la tercera: "Cómo lograrlo". Tómate el tiempo que necesites para escribir en la primera columna una lista de todos los atributos positivos que te describen.
Por ejemplo:

Lo que soy	Lo que quiero ser	Cómo lograrlo
Honesto	Más cariñoso(a) con mis hijos	Cada día voy a abrazar y besar a mis hijos, por lo menos tres veces al día
Servicial	Más comunicativo con mi pareja	Todas las noches, antes de dormir, vamos a conversar solos. Buscar literatura sobre

☞ continúa

☞ continuación

		cómo mejorar la comunicación en la pareja
Responsable	Más paciente	Pensar antes de actuar. Tomar en consideración las necesidades de la persona a mi lado, y no solo las mías
Buen hijo	Menos enojón	Identificar los resentimientos que cargo y me llenan de coraje, y resolverlos/sanarlos. Nunca tratar de comunicarme con alguien cuando yo esté enojado

Cuadro B

Ya que tengas la lista lo más completa posible, ponla en tu mesa de noche, junto a tu cama. Cada noche, antes de dormir, vas a releer tu lista. En primer lugar, la columna titulada: "Lo que soy". Al releer tus atributos positivos, irás reforzando tu valor propio y tu autoestima. De ese modo cambiarás los mensajes que diriges a tu cerebro. Todos los mensajes negativos y pesimistas serán reemplazados por mensajes positivos y de valor personal. Después relee la segunda y tercera columna. Al hacerlo, recordarás tus metas, las fortalecerás en tu cerebro y, así, serás más consciente de ellas y estarás más motivado(a) a seguirlas. De igual forma, al releer la tercera columna, refrescas en tu mente los pasos que necesitas implementar, o los que ya estás realizando, para alcanzar las metas que te has propuesto. Con el paso del tiempo, este constante repaso de tu plan de cambio se irá haciendo parte te ti, en tal grado que tu mente inconsciente, creyéndoselos, lo hará suyos. Igualmente, irás internalizando tus metas y los pasos a seguir para alcanzarlas.

Tal vez, andado el tiempo, surjan nuevas metas. Siéntete en completa libertad para añadir objetivos a tu lista, al igual que los pasos a seguir. Esta enumeración está viva y en proceso; por lo tanto, está permitido cambiarla, reestructurarla y enmendarla.

Tú eres el arquitecto de tu vida, tú la diseñas,
la cambias y la adaptas. Sólo tú, mano a mano
con tu fe, tienes todo el poder del mundo para
triunfar, para llegar al éxito y para vencer.

capítulo 7

Galería de soluciones

1. Si te consideras aburrido(a), expande tu mundo. Aprende cosas nuevas. Toma el diccionario y conoce una palabra nueva cada día. Regresa a la escuela y estudia algo nuevo. Identifica tus deseos y pasiones. Acércate a personas que compartan tus intereses. Cambia tus rutinas, no hagas siempre lo mismo. La persona aburrida, aburre. Antes de hablar, escucha a la persona con quien conversas, determina sus pasiones y conversa sobre ellas. No tengas miedo a ser diferente: en el cambio está el crecimiento, y en el crecimiento está el desarrollo espiritual.

2. Si no te consideras atractiva(o), identifica los aspectos de tu vida que no te agraden y haz algo para transformarlos. Si no te gusta tu cabello, cambia de corte o de color. Si no te agrada tu rostro porque tiene un aire triste, haz que le den nueva forma a tus cejas, pues muchas veces las cejas no cuidadas influyen en el aspecto sombrío de los ojos. Trata de sonreír todo el tiempo; una sonrisa no cuesta nada. Si estás pasado de peso, comienza un plan de nutrición y realiza alguna actividad física. Mírate al espejo y acepta que, en el vasto mundo donde vivimos, nadie es igual que tú, que eres un ser único y excepcional. La reestructuración mayor para cambiar de apariencia no se da tanto en lo físico, sino en el alma. Lee afirmaciones positivas, aliméntate de cosas positivas. Recuerda que cada día es una nueva oportunidad para vivir, por lo tanto, ¡VIVE!

3. Si los demás se aprovechan de ti, no lo permitas. Define cuáles son tus límites, y comunícaselos a las personas que te rodean. Hazlo con el mayor respeto y con un cierto nivel de humor. Cuando no puedas hacer lo que te piden, simplemente acéptalo y hazlo saber; luego pide disculpas por no poder con ello. Si la persona se enoja, es ella la que tiene un problema, el cual no tiene nada que ver contigo. Si pierdes a un amigo a causa de un "no", él NO era un amigo. Rodéate de personas que te apoyen cuando lo necesites, que comprendan tus limitaciones y necesidades.

4. Si crees que eres el salvador de los demás, bájate de esa nube. Sólo nosotros mismos tenemos la capacidad de salvarnos; la salvación depende de las decisiones que nosotros mismos tomamos, incluida la vida que optamos por vivir. Si no dejamos que los demás aprendan a resolver sus propios problemas, les estamos haciendo un daño, ya que no les permitimos aprender a ser autosuficientes. Vive y deja vivir. Todo con moderación. No resuelvas problemas; simplemente indica la salida y entrega las herramientas, para que, sirviéndose de ellas, cada persona los puedan solucionar.

Claro está que el cambio comienza en ti. Muchos de nosotros queremos arreglar el mundo, y llegamos a cualquier extremo con tal de hacer que las otras personas se percaten de la necesidad de cambiar. Realmente, el hecho de que tú veas la urgente necesidad de un cambio no te garantiza que la otra persona también lo haga. Problemas personales, decepciones, pérdidas, abusos, golpes, malos tratos y un sinfín de otros factores, limitan nuestra capacidad de reconocer lo que está mal en nuestras vidas, al igual que la capacidad de lograr un cambio. Cambiar al mundo es imposible. Cambiarte a ti mismo es mucho mas fácil. Se cuenta que en una clase de geografía, un niño tenía que hacer una presentación frente a sus compañeros y maestros. El niño había llevado a la escuela un precioso globo terráqueo de porcelana, el cual le pertenecía a su abuelito. Con mucho cuidado, el niño puso la réplica del mundo sobre la mesa del maestro y comenzó a explicar las diferencias entre los distintos continentes; pero, de improviso, el niño tropezó con el escritorio y el globo cayó al piso, y se rompió. El niño comenzó a llorar, ya que había roto el preciado objeto de su abuelo. Rápidamente se agachó y comenzó a recoger las piezas y a ponerlas sobre la mesa. El maestro y otros alumnos trataron por largo rato de componer el globo, pero eran inumerables los trozos, muchos detalles minúsculos, y les resultaba imposible reconstituirlo. De pronto, uno de los niños se percató de que en la parte de atrás de cada pieza, había líneas: en la parte posterior del globo, alguien había dibujado con un lápiz un diseño simple. El niño comenzó a armarlo conforme a las líneas del diseño que estaba detrás, ya que éste no tenía detalles tan complicados. Poco a poco, el niño se percató de que el dibujo era la figura de un hombre. Lentamente y con cuidado, fue armando esa figura, hasta lograr componer el globo terráqueo.

Moraleja: No podemos componer los problemas del mundo; son muchos y muy complicados. Pero si comenzamos por componer al hombre (nuestros propios problemas), lograremos componer al mundo.

5. Si crees que las personas que te rodean son las que te hacen valioso, estás equivocado. Tú eres una estrella que brilla con luz propia. No permitas que otra persona decida lo que tú vales, no dependas de ella, ya que si algún día se aleja de ti, te quedas vacío. Estás en este mundo por alguna razón. No eres un accidente; para ti existe un propósito y una pasión: ¡EN-CUÉNTRALAS! Tu sonrisa va a alegrarle la vida a alguien, ¡COM-PÁRTELA! Tus palabras van a calmar un corazón dañado: ¡DILAS! Tu ternura y tus caricias van a tranquilizar a un alma confundida: ¡OFRÉCELAS! Tu existencia va a hacer de este mundo un lugar mejor: ¡DISFRÚTALA!

6. Si vienes de una familia donde existió abuso, busca ayuda profesional y sana tus heridas. No trates de hacerlo tú solo(a); hay personas calificadas que pueden ayudarte en el camino. Aprende a perdonar. Decide que NADIE tiene derecho a robarte tu felicidad, ni a privarte de tu identidad y autoestima. Encuentra lo positivo en esas experiencias dolorosas y crece como persona. Dedica algún tiempo a ayudar a otras víctimas de abuso, o a personas necesitadas. Acepta que, tras cada caída, tienes que levantarte con mayor fuerza, determinación y dirección. Tú puedes, porque todo lo que necesitas para ser feliz, está dentro de ti.

7. Si crees que puedes cambiar a otras personas, te equivocas. A la única persona que puedes cambiar es a ti mismo. Desde luego que tu cambio es importante: si tú cambias, todas las personas que te rodean tienen que cambiar también. Enfócate en ti mismo, cámbiate a ti mismo, no a los demás. Cada persona carga su historial y experiencias; sólo porque decidiste que deben ser como tú, no te da el derecho a cambiarlos. Enséñales cómo eres tú, cambia y mejórate; cuando ellos vean lo positivo de tu cambio, probablemente querrán hacer lo mismo. Apoya las decisiones de los demás y no impongas las tuyas.

8. Si sientes una gran necesidad de cariño, aprende primero a quererte a ti mismo. Busca las cosas que te agradan, y realízalas. Hazte regalos de vez en cuando. Súperate, cuídate, aliméntate bien, haz ejercicio, lee buenos libros y utiliza tu tiempo provechosamente. Acércate a personas que buscan la superación. Participa en conferencias de crecimiento personal. Comparte opiniones, regala sonrisas, halaga a quienes te rodean. Aprende a escuchar. Festeja el hecho de que estás en este mundo. Celebra que existen los cumpleaños, que hay días festivos, que hay lunes, martes, miércoles, jueves, viernes, sábados y domingos. Y luego que hagas todo esto, te darás cuenta de que, en algún momento durante este cambio, muchas personas se acercaron a ti y comenzaron a compartir afecto y compañía, pues te convertiste en una persona positiva, asertiva y agradable.

9. Si te dejas engañar por personas dañinas, ten más cuidado con tus sentimientos. Recuerda que no todas las personas pueden ser parte de nuestras vidas. Sé más selectivo. Pregúntate de qué te sirve permitir que alguien te dañe (sin utilizar la respuesta: "De nada"). Si no encuentras una respuesta que tenga sentido, aléjate de esa persona. Tú mereces ser feliz. Nadie puede hacerte daño, salvo que tú lo permitas. Tú tienes el control de tu propia vida: ¡ASÚMELO!

10. Si sientes que algunas personas no reconocen tus acciones positivas, no debe importarte. No hagas cosas buenas sólo para que los demás lo sepan. Haz las cosas porque te satisfacen a ti. Las únicas personas a las que debes mostrar tus actos, son tú mismo y la mujer o el hombre con quien los compartes. Si lo que buscas es reconocimiento, tus acciones no son honestas. No hay nada más agradable que saber que tienes la capacidad de hacer algo por alguien; en su corazón dejarás una huella eterna y sólo tú debes saberlo. Si alguien se entera y reconoce el valor de lo que hiciste, estupendo. Y si no, reconócelo tú. Tú eres un ser único: ¡ACÉPTALO!

11. Si confías en las personas con mucha rapidez, toma las cosas con calma. Es mejor prevenir que lamentar. Tómate todo el tiempo que necesites para conocer a la persona. Pon atención a sus reacciones, a cuando está enojada, triste, feliz, calmada. Fíjate en cómo se comporta contigo y ante ti. La mayoría de los problemas que tenemos con otras personas podían haber sido evitados si sólo nos hubiésemos tomado un poquito más de tiempo para conocerlos a fondo. Todas las señales de que son personas problemáticas, están ahí; sólo tienes que abrir tus ojos, desplegar tu mente y convencerte de que no todas las personas son adecuadas para estar a tu lado. Corre el riesgo de perder a alguien, para que logres ganar. Al hacerlo, no sólo te evitas sufrimientos y decepciones, sino que también aprendes a poner límites y a darte a respetar.

12. Si siempre has vivido una vida muy protegida, sal de la cueva. Recuerda que posees todas las herramientas para ser feliz, para cuidarte y protegerte. Vivir tu propia vida no es más que la práctica diaria del control de ti mismo y de tu medio ambiente. No vivirla es como tener en tu casa una bicicleta que jamás has usado por miedo a que se dañe, o por el temor a las caídas y rasguños. En cuanto comiences a montarla, a practicar y a aprender, pronto ejercerás un control completo sobre ella. Así es como aprendemos, cuando tenemos el valor suficiente para correr riesgos, con el propósito de ganar. Pon en práctica tus conocimientos, atrévete y rétate cada día a hacer cosas por tu cuenta, de acuerdo con tus propias decisiones. Poco a poco irás creyendo en ti, en tu potencial, y no necesitarás buscar a otras personas que tomen las decisiones por ti. No te permitas sentirte indefenso(a): ¡ARRIESGA Y ATRÉVETE!

13. **Si no te sientes bien tomando decisiones,** comienza por buscar situaciones simples o ligeras, pero que requieran algún tipo de decisión. Te recomiendo que hables con todas las personas que has traído a tu vida con el propósito (consciente o inconsciente) de que hagan elecciones por ti. Coméntales que necesitas su ayuda. Hazles saber que estás aprendiendo a tomar tus propias decisiones, que ya no quieres que ellos sigan eligiendo por ti. Pídeles que, poco a poco, te dejen solo; que, para comenzar, te permitan tomar las decisiones más pequeñas. Con cada determinación que tomes, halágate, apruébate y dialoga contigo mismo; fortalece tu capacidad de escoger. Tu primera decisión, la que acabas de tomar, es precisamente comenzar a tomar decisiones. Eso merece un abrazo, ¡DÁTELO!

14. **Si eres conformista,** entiende que la avaricia es mala, igual que todos los extremos. Lo mejor que nos puede ocurrir es darnos cuenta de que la vida es un proceso de crecimiento, un movimiento constante. Conforme vamos descubriendo nuevos aspectos de nosotros mismos y del mundo circundante, debemos aplicar ese conocimiento nuevo a nuestro crecimiento. Ser conformistas es ignorar cada hallazgo y cesar de crecer. Rétate siempre a escalar un nuevo tramo, a subir otro peldaño, a leer un libro más, a tener una conversación adicional, a darte cuenta de que eres el cofre de un tesoro intermina-

ble. Si te conformas con poco, dejas de crecer. Si siempre buscas dar un paso más, descubrirás una nueva oportunidad, una nueva opción. ¡TÓMALA!

15. Si eres muy sentimental o emocional, no tiene nada de malo. Al contrario, la persona que se siente libre para expresar sus sentimientos y que se rehúsa a reprimir sus emociones, conserva su salud física y emocional. Además, una persona expresiva crea un ambiente cálido y de ternura a su alrededor. Nunca pierdas esta característica, pero aprende a controlar, si es necesario, el grado de tus expresiones. Esto se hace manteniendo constantemente un diálogo interno contigo mismo. Si alguien hiere tus sentimientos y sientes que vas a ponerte a llorar incontroladamente, sólo tienes que preguntarte: ¿DE QUÉ ME SIRVE LO QUE VOY A HACER? Si la respuesta es: "De nada", entonces busca otra opción. Por ejemplo, puedes disculparte; luego busca un lugar –tal vez el baño– donde puedas humedecer tu cara con agua fresca y dialogar contigo mismo, diciéndote: "Todo está bien. Yo recobré el control de mis emociones. Soy un ser excepcional. Nadie tiene el derecho de hacerme sentir mal, nadie puede hacerlo, a menos que yo lo permita. Yo estoy bien. Voy a contar hasta tres; al llegar a tres..., seré dueño otra vez de mí. Uno, dos, tres". Aprende también a utilizar tu respiración para controlar tus emociones. La respiración de la paz es estupenda para esto. Inhala por 7 segundos por tu nariz, y luego exhala por 7 segundos por tus labios. Repite esto 10 veces y descansa 3 segundos. Repite este ejercicio dos veces más; así descubrirás qué fácil es controlarte. Una recomendación adicional: busca siempre a personas que acepten tu forma de ser, que te apoyen cuando caigas y que te feliciten cuando te levantes.

16. Si deseas que todos vean la vida como algo precioso, vas a tener dificultades. Sólo tú puedes ver la vida así, ya que a la única persona a quien podemos cambiar es a uno mismo. No impongas a nadie tu forma de pensar o de sentir. Despreocúpate de las diferencias que hay entre tú y los demás. Basta con que tú veas la vida como algo precioso. Vívela y disfrútala de ese modo, y verás que, con el tiempo y sin tener que obligar a nadie, las personas a tu alrededor se irán contagiando de tu actitud y comenzarán a ver la vida en la misma forma. La mejor manera de cambiar a los demás es cambiando tú primero. Esto se llama control pasivo, y es el secreto del inteligente. El no tan inteligente procura utilizar un control agresivo, forzando a la otra persona a un cambio no deseado o para el que no está preparada.

17. **Si te despistas con facilidad**, se debe a que estás involucrado en muchas cosas a la vez. La mente turbada por preocupaciones, situaciones difíciles, tristezas y desencantos, llega a un punto donde se apaga para descansar. Si te encuentras despistado, comienza a poner en orden tus ideas. Organiza un sistema donde, conforme a tus prioridades, ordenes todas las cosas que deseas lograr. Casi todas las personas desean hacer todo a la vez. Alcanzar metas es fácil, si estamos dispuestos a hacerlo paso a paso, a conseguir primero una meta y luego otra. No tengas prisa, todo a su debido tiempo. Explora una forma de organizar tu vida; no existe un orden preestablecido. Pon en orden tu vida, tus ideas, tu forma de pensar, tu forma de vivir, y crearás una estructura saludable. Y de repente, como por arte de magia, dejarás de ser tan despistado.

18. **Si eres muy impulsivo**, recuerda que la persona madura piensa antes de actuar. Mantener un diálogo interno es sumamente importante. Antes de actuar, piensa. Mide las consecuencias. Antes de decir algo o de hacer algo, pregúntate: (1) "¿Va a suceder algo positivo en mi vida si hago o digo lo que deseo hacer o decir?" Si la respuesta es: "No", no lo hagas o no lo digas. (2) "¿Voy a dañarme a mí mismo, o a algún otro, si hago/digo lo que quiero decir/hacer?" Si la respuesta es: "Sí", no lo hagas/digas. (3) "¿Es realmente necesario que diga/haga lo que quiero decir/hacer?" Si la respuesta es: "No", no lo di-

gas/hagas. Poniendo estas barreras a tu impulsividad, tu mente se hará más analítica y madura.

Existe una fábula, llamada "Las tres rejas", que explica en forma clara y precisa cómo manejar el carácter impulsivo. Se cuenta que un joven discípulo de un filósofo muy sabio llegó un día, consternado, a la casa de su maestro, y le dijo:

—Maestro, escuché a un amigo hablar de usted con malevolencia...

—¡Espera! –lo interrumpió el filósofo con firmeza– ¿Hiciste pasar por las tres rejas lo que me vas a contar?

—¿Las tres rejas? –preguntó el joven, confundido.

—Sí –respondió el filósofo–. La primera es *la verdad*. ¿Estás seguro de que lo que quieres decirme es absolutamente cierto?

El joven, sorprendido, titubeó unos segundos y respondió:

—No, maestro. Sólo lo oí comentar a unos vecinos...

—Al menos lo habrás hecho pasar por las segunda reja.

—¿Cuál es ésa, maestro? –preguntó el joven, muy intrigado.

—*La bondad*. ¿Eso que deseas decirme es bueno para alguien?

—No, maestro. En realidad, no. Al contrario...

—¡Ah, vaya! –respondió el filósofo con firmeza–. La última reja es *la necesidad*. ¿Es necesario hacerme saber eso que tanto te inquieta? –preguntó el filósofo.

—A decir verdad, no –respondió el joven discípulo.

—Entonces... –dijo el sabio, sonriendo–, si no es verdad, ni bueno, ni necesario, sepultémoslo en el olvido.

¿Cuánto más sanas serían las relaciones humanas si todos hiciéramos pasar por las tres rejas aquellas cosas de las que nos hacemos eco?

19. Si no te gusta estar solo, comienza a conocerte. Ante todo, jamás estamos solos. Recuerda que contigo siempre están tú y tu fe; por lo tanto, la soledad no existe. Si estás contigo, disfrútate. Dialoga contigo, haz planes, estructura ideas, goza tu música favorita, lee un libro, prepara un platillo especial, trabaja en tus aficiones, escribe una carta a mano; pon tus fotografías en orden, recuerda a un ser querido que pasó a mejor vida, revive un logro, cambia la decoración de tu casa, cuida tu jardín. Recuerda que si tu cuerpo es un templo, dentro de ese templo están tu fe (Dios) y tú. ¿Qué mejor compañía quieres?

20. Si no te gusta sentirte rechazado, identifica las causas de cada desprecio. Ser rechazado no implica que algo ande mal contigo. Por el contrario, lo más probable es que la persona que te rechaza está proyectando en ti sus inseguridades y debilidades. En todo caso, debes saber que no todas las personas nos van a aceptar como somos, aun cuando creamos ser buenos individuos. Sin embargo, acostúmbrate al esfuerzo por mejorarte. Si alguien te rechaza, examina la situación. Explora si esa persona tiene algo de razón, si está detectando en ti alguna cosa de la que aún no te has percatado y que merece tu atención. La vida es un proceso de aprendizaje y, muchas veces, la mejor manera de aprender es cuando alguien coloca un espejo frente a nosotros. Si al examinar la situación, no logras encontrar el error que la otra persona percibió, déjala ir, deséale suerte y sigue caminando por la vida con la cabeza en alto y mucha motivación. Pero si encuentras algo que puedes mejorar, agradece a la persona (lo puedes hacer mentalmente) que haya puesto un espejo frente a ti. Cambia o modifica lo que requiere de tu atención, y otra vez, sigue caminando por la vida con la cabeza en alto y mucha motivación.

21. Si frecuentemente te sientes deprimido, es necesario que identifiques la o las causas. Aunque existen estados mentales que son originados por desequilibrios químicos, muchas depresiones también surgen cuando no manejamos bien nuestros sentimientos. Este tipo de desánimo puede ser controlado fácilmente. Ante todo, acepta que detrás de cada depresión se ocultan sentimientos de dolor no expresados y reprimidos. Cuando estos sentimientos penosos se contienen durante largo tiempo, se fermentan y se convierten en coraje. Éste nos hace experimentar sentimientos ego-distónicos que no van de acuerdo con nuestra moral o nuestra forma de ser, y hacen que nos sintamos culpables. Para encubrir la sensación de culpa provocada por el coraje, y para reprimir el coraje causado por nuestros callados sentimientos de dolor, utilizamos todas nuestras energías; al agotarse éstas, nos deprimimos. Por lo tanto, para extinguir la depresión, busca e identifica el dolor emocional que cargas y que nunca has manifestado. Una vez lo encuentres, exprésalo y aprende a perdonar a la persona responsable de tu dolor. Con el tiempo, ya procesado el daño emocional, desaparecen el coraje, la culpabilidad y la depresión.

22. Si te preocupan las apariencias, pon atención: ¿sabes cómo funcionan los hornos convencionales? Los hornos de gas o eléctricos van cocinando el alimento de afuera hacia dentro. Muchas veces pones en la sartén un muslo de pollo y, al cabo de unos momentos, ya se ve exquisito y doradito; sin embargo, cuando lo mordemos, aún está crudo y con sangre por dentro. Así funcionan las personas que se preocupan mucho por su apariencia. Éstas deben darse cuenta de que la gente que está cerca de ellas, o la persona especial a la que ellas se acercan, tarde o temprano descubrirán el interior crudo oculto por la apariencia. El horno de microondas lo hace todo al revés: cocina de dentro hacia afuera. Esto quiere decir que cuando vemos que el muslo de pollo está doradito y cocido por fuera, de seguro está cocido y jugoso por dentro. Así debemos ser nosotros, como hornos de microondas. Comencemos por pulir nuestra alma, por mejorar nuestra educación, por definir nuestros intereses y prioridades, por trazar metas y comenzar a explorar opciones. No hay nada de malo en cuidar nuestro exterior, en preocuparnos por presentar un aspecto apropiado; pero comencemos mejorando nuestra realidad interna. Cuando estemos completos, sanos por dentro y por fuera, recobraremos plenamente nuestro amor propio y la calidad de nuestra vida será óptima.

23. Si buscas a una pareja que reemplace a tus padres, deja ya de hacerlo. Nuestros padres son mamá y papá, hayan sido como hayan sido. Muchos llegamos al mundo en los brazos amorosos de nuestros padres, cuyo interés principal somos ya sus hijos. Sin embargo, para otros, la situación es bien diferente: su llegada al mundo no es recibida con alegría, ni siquiera con aprobación; estas personas se encuentran con padres fríos, distanciados, sin compasión ni alma. Pero tenemos que admitir nuestra realidad, y aceptar igualmente que no podemos responsabilizar a otra persona para que desempeñe la función de nuestros padres. Si depositamos esta enorme obligación en otra persona, andado el tiempo la perdemos, pues la agobia el peso de esta responsabilidad. Aceptar a nuestros padres, sean como fueren, puede ser difícil y doloroso, pero es imperativo. Busca ayuda en alguna psicoterapia para que puedas desatarte de los lazos que te unen a ellos de un modo malsano, es decir, para que puedas liberarte de las tristezas y sufrimientos que ellos infligieron a tu vida. Escríbeles una carta donde les hagas saber todo lo que te causaron, y cómo ese daño te afectó. Escríbela sin criticarlos ni juzgarlos, simplemente déjales saber lo que sientes. Termina la carta perdonándolos, y perdonándote a ti por haber cargado todos esos sentimientos tan difíciles por tantos años. Perdonar no implica olvidar, o simular, que nada pasó. El perdón implica responsabilizar a la persona del daño que causó, sin tener nosotros que cargar con ella. Luego busca un lugar tranquilo y solitario donde puedas leer la carta (o las cartas) en voz alta. Una vez que lo hayas hecho, tienes dos opciones: (1) atas la carta a un globo lleno de gas helio y la dejas ir, o (2) quemas la carta. Conforme la carta se eleva o queda reducida a cenizas, te repites a ti mismo: "Lo que sentía no me pertenece, no es mío, ya lo dejé ir". Cada vez que el recuerdo de tu pasado regrese a tu mente, repite esa misma frase hasta que te convenzas de su significado. De aquí en adelante, cada vez que busques amor paternal o maternal en tu pareja, recuerda: "Es mi esposo(a), no mi padre ni mi madre. Es mi pareja y se llama _____ ".

24. Si se te hace fácil mentir, te contaré lo siguiente: había un niño muy mentiroso al que ningún castigo que sus padres le impusieran, lograba que dejara de mentir. Un buen día, su padre le pidió que lo acompañara al patio de la casa, en cuyo fondo había una cerca de tablas de madera. El padre sacó de su pantalón unos clavos grandes y gruesos, y tomó un martillo.

—¿Ves esa cerca, hijo? –le preguntó al niño– Quiero que cada vez que digas una mentira, tomes uno de estos clavos y lo claves en la cerca.

Sorprendido, el niño se sintió confundido; no sabía exactamente por qué su padre le pedia tal cosa; pero encontró la tarea algo intrigante, y aceptó hacerla. Al transcurrir una semana, el padre llamó a su hijo y le pidió que lo acompañara al patio de la casa. Cuando llegaron al fondo, el padre encontró que en la cerca había varios clavos, tantos como mentiras había dicho su hijo. El padre comentó:

—Muy buen trabajo, hijo. Ahora tengo otra tarea para ti. Quiero que cada vez que no digas una mentira, regreses a esta cerca y quites un clavo.

El niño, más sorprendido que la primera vez y sin comprender los motivos de esta nueva tarea, accedió. Al término de la siguiente semana, el padre llamó a su hijo y los dos volvieron a encontrarse en el fondo del patio. Al ver la cerca, ambos se dieron cuenta de que no quedaba ningún clavo en las tablas; únicamente los huecos donde habían estado los clavos. Mirando a su hijo, el padre le dijo:

—¿Ves esos huecos, hijo? Es lo que dejamos en el corazón de las personas a quienes mentimos. Cuando decimos mentiras es como cuando clavamos los clavos. Las mentiras son clavos en los corazones de las personas que queremos. Aunque nos arrepintamos y los quitemos, dejamos en sus corazones huecos profundos que nunca se irán. Por eso, hijo, siempre sé honesto; así nunca clavarás clavos ni dejarás huecos en los corazones de las personas que amas.

Aunque sientas miedo, atrévete.
Aunque sientas dudas, arriesga.
Aunque te sientas perdido, explora.
Aunque te sientas confundido, pregunta.
Aunque te sientas frustrado, opta por el cambio.
Todo es posible, lo único que tienes que
hacer es despertar.

capítulo 8

¿Quererme o no quererme?
Ésa es la cuestión

¿Qué concepto tienes de ti mismo? ¿Te gusta lo que eres? ¿Respetas tus potencialidades y tus valores? ¿Te atreves a tomar riesgos? ¿Te mantienes firme en tus convicciones? Las respuestas a estas preguntas están en gran parte relacionadas con el concepto que tienes de ti mismo. Muchas personas creen que tener una autoestima alta implica que se vuelvan arrogantes, creídas y presumidas. Esto es totalmente falso. La persona que tiene una autoestima saludable, sabe que es un ser valioso y que está en un mundo lleno de posibilidades, todas a su alcance. Esta persona sabe que no hay nadie mejor que ella, que todos somos únicos en diferentes niveles; donde algunos sobresalen, otros no, y viceversa.

La persona con una alta autoestima no se siente mal cuando alguien la rechaza o no la incluye en alguna actividad. La autoestima saludable nos permite aceptar nuestras limitaciones, reírnos de nuestros defectos y buscar soluciones para mejorar aquellos atributos que aún no están a la altura de nuestras expectativas.

Si tu autoestima es saludable, tienes la capacidad de lograr todas tus metas, de vivir una vida plena, de atreverte a perseguir tus ideales, de animarte a soñar y de convertir tus sueños en realidad. Una buena autoestima es esencial para una buena vida. Para tener una autoestima saludable, necesitas llenarte de pensamientos positivos y reestructurar los negativos, para poder eliminarlos y elevarte a un nivel de autoactualización. Nadie es perfecto; aunque tengas una autoestima saludable, siempre habrá alguna característica negativa o problemática que necesitará tu atención; todo es posible si nos motivamos a seguir desarrollándonos y creciendo.

Una autoestima saludable nos da seguridad, determinación, capacidad de socializar adecuadamente, desenvoltura, convicción, flexibilidad, respeto propio y hacia los demás, capacidad de arriesgar, posibilidad de competir, ganas de superarnos, derecho a equivocarnos y a corregir los errores; capacidad de reírnos de nuestros defectos de forma saludable, derecho a ser felices, a tener confianza, deseos de explorar, ánimo de compartir con amigos, fuerza para ser diferentes, creatividad, entusiasmo y comodidad al estar solos; nos permite no temer al éxito ni al fracaso, y rechazar situaciones dañinas o nocivas. Si deseas tener una autoestima saludable y elevada, he aquí algunas sugerencias:

Practica la honestidad • aprende cosas nuevas • planea y estructura tus metas con cuidado • diviértete sanamente • hagas lo que hagas, siempre pon el mayor esfuerzo • estudia algo que te apasione • trabaja en algo que te encante • adopta la actitud "yo puedo" • atrévete a hacer cambios • mantén tu mente ocupada y activa • sé un buen amigo en tiempos de gozo y en tiempos difíciles • ten confianza en ti y en tu potencial • atrévete a jugar aunque tengas 300 años de edad • atrévete a solicitar la ayuda de otros • agradece los actos bondadosos de los demás • haz tú mismo buenas obras • atrévete a admitir tus errores • discúlpate cuando sea necesario • crea metas a corto plazo • siente orgullo de ti • celebra la diversidad en tus amistades • rodéate de gente positiva • opta por ser educado • jamás te compares con otras personas • cuida tu apariencia • pule tus sentimientos • descubre tus gustos • define quién eres • date gustos regularmente • toma tiempo para descansar • acepta que mañana será otro día • cuida tu cuerpo • intenta ser romántico • cambia de ambiente • lee un libro • lee dos libros • lee tres libros • escucha música que te llene el alma • celebra tus logros • haz algo por alguien que lo necesita • siempre date a respetar • atrévete a sentir miedo • mantén un diálogo contigo mismo • atrévete a decir "no" • sé optimista • lee frases sabias • comparte tus experiencias • abraza con más frecuencia • regala sonrisas (no cuestan nada) • aléjate de personas negativas • deja la culpabilidad a un lado, ésta no resuelve absolutamente nada • remplaza pensamientos negativos con pensamientos positivos • encuentra tu fe • evita rutinas • piensa antes de actuar • si requieres ayuda, búscala • no tomes los problemas de los demás de forma personal • entrega herramientas, no soluciones • elimina la frase "Yo no sé" • atrévete a amar • evita poner condiciones • atrévete a cambiar • busca hasta que encuentres • define tu vocación, tu pasión • celebra tu vida • busca lo positivo en todo • mantén contacto regular con las personas que amas • busca las estrellas en cada noche oscura.

La mayoría de las personas se sienten mal consigo mismas de vez en cuando. Estos sentimientos de baja autoestima pueden ser causados por una infinidad de razones: ser tratado desconsideradamente por alguien, tanto en el presente como en el pasado; fracasos reales o imaginarios, inseguridades personales, una forma equivocada de juzgarnos a nosotros mismos, y demás. Si tú eres una de esas personas que va por la vida sintiéndose mal consigo misma, sabes entonces que no logras disfrutar la vida, ni las cosas que haces ni la compañía de las personas que te rodean. Este estado de baja autoestima impide que alcancemos las metas que nos proponemos.

Pero tienes todo el derecho del mundo a sentirte bien, a vivir una vida feliz. Los siguientes ejercicios fueron diseñados para que aprendas a sentirte mejor contigo mismo(a), y para que mejore tu autoestima.

ADVERTENCIA: Al completar estos ejercicios, puede que ofrezcas cierta resistencia al desarrollo de pensamientos positivos acerca de tu persona. Es totalmente normal. No dejes que esto te desanime y evite que llegues a sentirte bien. Poco a poco, al hacer los ejercicios, vas a ir aceptando esta nueva forma de sentir respecto de ti mismo(a).

Ante todo, quiero ofrecerte sugerencias adicionales que puedes implementar para sentirte bien contigo mismo(a) y lograr una autoestima saludable:

Cuídate mucho. Tal vez eres el tipo de persona que se preocupa más por cuidar a los demás que a sí misma. Comienza desde hoy a cuidarte a ti primero. Hazlo como un buen padre cuida de su hijo. Si logras enfocarte en cuidarte a ti mismo(a), encontrarás que te irás sintiendo mejor contigo mismo(a). Te recomiendo que te alimentes bien y hagas ejercicio; tómate tiempo para disfrutar las cosas que te gustan, y deja ya de postergar las cosas que debes y es importante hacer. Toma la decisión de que, comenzando hoy, vas a realizar todas esas cosas que te acercan a tus metas. Busca hacer cosas que destaquen tu talento, sea éste el que fuere. Cuida tu higiene, vístete bien y arréglate de la mejor forma posible. Comparte tu tiempo con personas que te hacen sentir bien, y evita la compañía de aquellos que te hacen sentir mal. Trátate bien cada día. Haz cosas positivas y espontáneas en beneficio de las personas que necesitan de ti. Aprende algo nuevo cada día. Rodéate de las cosas que amas.

▣ ▣ ▣

EJERCICIO 1

¿Sabías que muchas personas se pasan gran parte de su vida enviando mensajes negativos sobre ellas mismas a su cerebro? Dichos mensajes suelen ser los que aprendiste cuando eras niño(a), tanto de tus padres y familiares como de otras personas. Pero, de igual forma, podemos llegar a sentirnos mal con nosotros mismos por la presión e influencia de toda clase de gente: figuras políticas, la que trabaja en los medios de comunicación y demás.

Una vez que has aprendido, creído y aceptado estos mensajes, quedan grabados en tu mente de forma permanente. Algunos de estos mensajes son: "Soy menso". "No valgo la pena". "Nunca voy a llegar a ser alguien en esta vida". Debido a que los hemos incorporado a nuestros pensamientos y sentimientos habituales, tratar de cambiarlos es una ardua tarea. Muchas personas, de tan acostumbradas que están a ellos, no se dan cuenta la carga innecesaria que representan estos mensajes. Por lo tanto, te recomiendo que siempre lleves contigo una pequeña libreta. Cada vez que te sorprendas pensando en algunos de estos mensajes negativos, escríbelos en tu libreta. Identificarlos puede ser algo difícil. Por lo general, acuden por sí solos cuando te sientes triste, cansado(a), enojado(a), frustrado(a), enfermo(a) o estresado(a). El siguiente paso es determinar si los mensajes negativos que, sobre ti mismo, diriges a tu cerebro, son ciertos o falsos. Cuando estés tranquilo(a) y relajado(a), abre tu libreta y somete cada uno de los mensajes que has escrito a las siguientes interrogantes:

1. ¿Es en realidad cierto este mensaje?
2. ¿Esto es algo que yo le diría a otra persona? Si la respuesta es "No", entonces pregúntate: "¿Por qué me lo estoy diciendo a mí mismo?"
3. ¿De qué me sirve pensar así sobre mí mismo? (No se vale decir: "De nada").
4. ¿Pensar de esta forma me hace sentir mal conmigo mismo? Si la respuesta es: "Sí", ¿por qué lo sigo haciendo? ¿Por qué no dejo de hacerlo?

El próximo paso es desarrollar y dar forma a frases positivas acerca de ti mismo, con el fin de que reemplacen los mensajes negativos que has estado utilizando hasta hoy. La idea es que uses estas frases positivas cada vez que las negativas quieran invadir tus pensamientos. Al pensar en estas frases positivas, no hay forma de que tu cerebro pueda pensar en las negativas. La constante práctica de este ejercicio hará que, a la postre, tu mente sólo reciba y acepte frases positivas que afirmen tu valor como ser humano.

Al crear estas frases, debes tener muy presentes dos cosas: primero, no utilices palabras negativas y autolimitantes, como: triste, preocupado, cansado, frustrado, no quiero. Haz todo lo contrario, es decir, utiliza palabras positivas y motivantes, tales como: feliz, entusiamado(a), seguro(a), positivo. Muchas personas creen que las frases positivas consisten sólo en sacar a relucir las negatividades que no desean sentir o hacer; por ejemplo: "No me quiero sentir triste", "Voy a dejar de estar preocupado". Estas frases, aunque tienen un propósito constructivo, envuelven un fuerte mensaje negativo; conllevan las palabras *triste* y *preocupado*. No queremos hacerle oír estas palabras a nuestra mente, para que no siga aprendiéndolas y fortaleciéndolas. Las frases que debes crear son: "Me siento feliz", "Tengo buenas amistades", "Me gusta trabajar", "Mi motivación para estudiar crece cada día", "Disfruto compartir con amigos", "Me siento bien".

Traza una línea vertical en medio de una hoja en blanco, de modo que quede dividida en dos mitades. En la columna de la mitad izquierda, escribe algunos pensamientos negativos que puedas tener sobre ti mismo. En la columna de la derecha, escribe los pensamientos positivos que contradigan el mensaje de cada pensamiento negativo. Por ejemplo:

Pensamientos negativos	Pensamientos positivos
Me siento un tonto	Soy una persona inteligente
Nunca hago las cosas bien	Hago muchas cosas bien
Dejo muchas cosas sin terminar	Termino muchas cosas que comienzo
Nadie me quiere	Muchas personas me quieren
Me paso todo el tiempo llorando	Cada día me siento más feliz

De ahora en adelante, vigila cada uno de los mensajes negativos que suelen entrar en tu mente y que tú fortaleces aun sin darte cuenta. Tú puedes cambiar todos esos mensajes negativos por mensajes alentadores, motivadores y positivos:

1. Sustituye cada mensaje negativo con mensajes positivos, cada vez que adviertas que estás pensando negativamente.
2. Escribe y vuelve a escribir muchas veces los mensajes positivos. Esta acción hará que la información se grabe en tu mente. Recuerda que aprendemos por repetición.
3. Repite los pensamientos positivos en tu mente de forma constante. Otras veces, repítelos en voz alta, o compártelos con otras personas.
4. Escribe los pensamientos positivos en tarjetas y colócalas en lugares donde las puedas ver con frecuencia (ejemplo: la puerta del refrigerador, el espejo del tocador o del baño). Cada vez que los leas, continúa repitiéndolos en tu mente.

También es buena idea hacer ejercicios de relajación e incorporar estos pensamientos positivos en el proceso. Busca tiempo durante el día para relajarte y practicar la Respiración Pacífica; una vez que logres relajarte, repite mentalmente los pensamientos positivos. Asociar la tranquilidad y la paz con pensamientos positivos, crea un ambiente perfecto para levantar tu autoestima. Recuerda que cambiar hábitos o maneras de pensar, toma tiempo. No te desesperes. Ten paciencia y sé consistente. Poco a poco, irás viendo cómo vas internalizando y adueñándote de todos esos pensamientos positivos, los cuales describen a un ser extraordinario: TÚ.

EJERCICIO 2

Desarrolla y pon en práctica un plan de apapachos para ti mismo. Busca cinco tarjetas en blanco. La primera llevará como título: *Mis habilidades*; la segunda, *Mis logros*; la tercera, *Mis recompensas*; la cuarta, *Lo que me hace sentir bien*, y la quinta, *Lo que hago por los demás*. En la primera tarjeta, enumera todas las habilidades que posees; por ejemplo: valor, creatividad, paciencia, honestidad, seriedad, sociabilidad. En la segunda tarjeta, haz una lista de todos tus logros; por ejemplo: graduarte en la preparatoria, terminar un proyecto importante, ser padre/madre, aprender a tocar un instrumento musical, terminar una carrera, conseguir un trabajo. En la tercera tarjeta, anota lo que puedes obsequiarte a ti mismo(a), simplemente por el hecho de ser TÚ. Por ejemplo: ir al gimnasio, ver una película en el cine, salir de compras, asistir a un concierto, dar un paseo por el parque, visitar a un amigo(a), tomar un día libre sólo para ti. En la cuarta tarjeta, enumera todas esas cosas que te hacen sentir bien; por ejemplo: leer, conversar con tus amistades, ayudar a personas necesitadas, visitar museos. Finalmente, en la quinta tarjeta escribe las acciones que haces por los demás; por ejemplo: visitar a alguien que no tiene familia, acompañar a alguien al doctor cuando no tiene quien lo lleve, hacerle los mandados a alguna persona que está enferma, regalarle una sonrisa a alguien que perdió la suya.

Esas tarjetas pintan el retrato de un ser maravilloso: tú mismo. Ésa es tu esencia. Lee esas tarjetas con frecuencia y disfruta lo que eres. De vez en cuando, elige una o dos de las cosas que pusiste en la tercera tarjeta, y obséquiatelas. Te las mereces por ser ese ser extraordinario y único.

Ejercicio 3

Busca un almanaque grande, que tenga suficiente espacio bajo cada día para que puedas escribir en él. En cada uno de los días del mes, escribe con lápiz algo que quisieras hacer para sentirte bien. No tiene que ser algo difícil de hacer o de adquirir. Todo lo contrario. Deben ser cosas simples que traigan a tu vida un rayo de luz. Por ejemplo: sentarme en el patio de mi casa bajo un árbol a disfrutar el atardecer; llamar a mi madre y decirle que la amo; escribirle una nota a mi pareja para decirle lo importante que es en mi vida; ver las fotos de mi graduación, leer una poesía, escribir algo en mi diario, tomar una foto, contemplar las flores de mi jardín, beber un rico jugo, recordar a alguien que ahora está en el cielo... Todo lo que necesitas es darte a ti mismo lo que te mereces. Sé la persona especial que eres y nunca pierdas el enfoque de tu vida, ni el camino hacia tu futuro. Recuerda que como tú, no hay nadie más.

▣ ▣ ▣

> Haz de tu vida lo más valioso
> y precioso que existe en el universo,
> ya que en esa vida brilla una
> estrella que lleva tu nombre.

capítulo 9

¿En las buenas y en las malas?

Aunque el día de nuestra boda nos prometemos permanecer juntos en las buenas y en las malas, deberíamos esforzarnos lo más posible por minimizar las malas y en crear un sistema basado en el crecimiento, el respeto, la honestidad y el amor. Si logramos resarcir todas esas heridas del pasado que nos dejaron huecos emocionales, iremos haciéndonos mejores seres humanos, a tal punto que ya no necesitaremos atraer monstruos a nuestra cama.

En cierta forma, a todos los niños se les enseña a ser adultos y a prepararse para el matrimonio. La familia, las amistades, la sociedad, la cultura y nuestras diferencias personales, todo esto se asocia para ir creando a ese ser maravilloso que lleva tu nombre. Para muchos, el matrimonio es lo definitivo, la meta principal.

En algunas culturas, las futuras parejas de los niños son elegidas aun antes de que ellos nazcan. No se da a los niños la oportunidad de descubrir el amor, de pasar por el proceso de ir conociendo, descubriendo y experimentando lo que significa amar y ser amados. Imagínate cómo se siente una jovencita cuando, al llegar los 17 años de edad, le presentan a la persona con quien debe compartir el resto de su vida, a quien debe obedecer, con quien debe tener intimidad y a quien tiene la obligación de amar. ¿Cómo se llega así a descubrir el significado real del amor? ¿Es así de fácil amar a alguien, crear como por arte de magia un sentimiento tan vivo y profundo como el amor?

De igual forma, hay otras culturas donde los padres obligan a casarse a dos jóvenes cuyas relaciones sexuales premaritales han traído consigo un embarazo inocultable. Esa frase es proverbial: "Tienes que cumplir con mi hija, te tienes que casar con ella". ¿Qué les sucede a estos jóvenes que de repente, jugando a ser adultos, tuvieron una relación sexual? Obligados a casarse, aunque probablemente no se aman, tienen que jugar ahora a ser una pareja. ¿Cómo se crea ahí el amor? ¿Qué deben hacer para llevarse bien, armoniosamente?

En los matrimonios planeados, prefijados, por lo general son inevitables las fricciones y desavenencias, el resentimiento y el abuso mutuo; a menudo, los miembros de la pareja predestinada ya se habían enamorado de otras personas y se vieron forzados a dejar ese amor por alguien a quien no amaban. En estos casos son frecuentes la violencia, la infidelidad y, al cabo, el divorcio, pues una relación sin amor es generalmente un desastre.

Matrimonios que fracasan: el porqué

¿Por qué existen relaciones que no funcionan? ¿Así es la tuya? ¿Tal vez la de personas a quienes queremos, aunque no se unieron de una manera forzada, severa o rígida, sino voluntariamente? Varias razones explican el porqué de estos fracasos. Muchas veces, las personas que se unen no llegan a conocerse. El noviazgo fue corto y la pareja no dispuso del tiempo necesario para conocerse en diversos niveles (ejemplo: profesionalmente, o enojados, tristes, dudosos). En muchos de estos matrimonios rápidos, la pareja sólo comienza a conocerse cuando ya está casada. De repente, y más temprano que tarde, uno de los miembros de la pareja sorprende desagradablemente al otro: "¡Yo no sabía que eras así!" "¡Nunca me dijiste que querías salir a bailar sin mí cada fin de semana!" "¡Jamás te hubiera imaginado tan agresivo cuando te enojas!" Las sorpresas son innumerables.

En otros casos, los matrimonios fracasan porque la pareja se une por razones equivocadas. Hay muchas mujeres que sienten que deben casarse antes de cierta edad (antes de que "se les pase el tren" o "se queden para vestir santos"). La prisa por casarse muchas veces las lleva a los brazos de un monstruo hambriento, quien pacientemente ha estado esperando a su presa. Otras, por lo general sin pareja, sienten la gran necesidad de tener hijos; dándose cuenta de que los años van pasando, eligen al azar o indiscriminadamente a cualquier hombre que simplemente será el donante para poder tener un hijo. En los casos en que uno o los dos miembros de la pareja provienen de familias donde no fueron tratados bien, en las que no se sintieron queridos, tener un hijo se convierte en una obsesión: el niño sí los amará, no los va a rechazar; es decir: usan a los hijos para llenar sus necesidades emocionales insatisfechas. En estos casos, la búsqueda de tener hijos puede más que la posibilidad de elegir con cuidado a una pareja.

Otras personas se casan sólo porque está de moda hacerlo; sólo porque, en sus círculos sociales, todas sus amistades se están casando. Esto las conduce a elegir descuidadamente a la pareja con quien compartirán sus vidas. ¿Es probable que la persona así elegida resulte un monstruo? Mucho.

Como ya he mencionado anteriormente, algunas personas buscan en el matrimonio a quien les llene los huecos emocionales del pasado. En estos casos, el matrimonio no es por amor sino por una necesidad emocional insatisfecha. Una vez que esto sucede y se llenan esos huecos emocionales, la persona que utilizó a la otra para que los llenara, deja de interesarse en la relación: ya recibió lo que necesitaba. Muy pronto comienza a sentir otras necesidades o huecos emocionales, y la búsqueda de alguien que los llene comienza nuevamente. Claro está, la pareja que abandonan queda destrozada.

Muchas personas se casan para sustituir con la pareja a un padre o a una madre ausentes. Así, muchas mujeres se casan con personas iguales o muy similares a sus padres, o con alguien totalmente diferente. De igual forma, miles de hombres se casan con mujeres iguales o similares a sus madres, o con alguien totalmente distinto. La búsqueda es por ese amor y esa comprensión que les faltó cuando eran niños, creyendo que su pareja debe darles todo aquello de que carecieron. Cuando se dan cuenta de que no van a recibir esto de sus parejas, comienza el sufrimiento de lo que ellos perciben como un segundo abandono.

Según el refrán popular, "un clavo saca a otro clavo". ¿Es realmente así? ¡Absolutamente NO! Un clavo clava al otro clavo más profundamente aún. Muchos hombres y mujeres creen que una mala relación del pasado va a sanar si, a los dos días de haber terminado, ya están involucrados con otra persona. Lo que suele suceder en estos casos es que la persona busca a otra que sea igual o parecida a la que se fue, y entra en la misma relación disfuncional que tenía con la pareja anterior. Es el mismo problema, pero con cara diferente. Cuando elegimos a una pareja, no por amor sino por necesidad, NUNCA vamos a elegir de un modo libre y saludable; nunca vamos a elegir a la persona adecuada para nosotros. Como siempre buscamos lo familiar, cuando nos apresuramos a elegir a una nueva pareja, la posibilidad de que busquemos a alguien con características similares a la persona anterior, es muy alta.

▣ ▣ ▣

Ejercicio 1

Escribe en una hoja las razones por las cuales elegiste a tu pareja actual –novio(a), esposo(a), o tal vez a una pareja del pasado. Sé completamente honesto(a) con tus respuestas.

No prosigas el ejercicio hasta que hayas terminado.

En la siguiente lista, pon una marca (✓) al lado de cada frase con la que te identifiques o con la que estés de acuerdo:

- ☐ Más de un año es mucho tiempo para que una pareja se conozca bien antes de casarse.
- ☐ Mi pareja y yo somos completamente similares; nunca discutimos.
- ☐ Estoy con mi pareja porque llena todas mis necesidades.
- ☐ Estoy con mi pareja porque salí embarazada. Estoy con mi pareja porque salió embarazada.
- ☐ Me junté/casé con mi pareja porque ya no soy joven.
- ☐ Estoy con mi pareja porque quiero/quería tener un hijo.
- ☐ Estoy con mi pareja porque casi todas mis amistades ya están casadas; no quería ser el(la) último(a) en casarse.
- ☐ Estoy con mi pareja porque no quería sentirme tan solo(a).
- ☐ Estoy con mi pareja para sentir que alguien me quiere. Nunca nadie me había querido.
- ☐ Estoy con mi pareja, aunque no me quiere mucho, porque un poquito de amor es mejor que nada.
- ☐ Nunca voy a dejar a mi pareja, porque él(ella) sí me quiere. Mis padres nunca me quisieron.
- ☐ Mi pareja llena el vacío emocional que me dejó mi pareja anterior.

Si has marcado algunas de las frases en la lista anterior, no estás con tu pareja por razones saludables. Compara tu propia lista con la que acabas de leer. ¿Existe alguna similitud? Explora qué es lo que falta en tu vida. Regresa al Ejercicio 3 del capítulo 2; éstas son las carencias que has tenido y que posiblemente estás tratando de llenar con tu pareja.

Las razones saludables por las que debes estar con tu pareja, son: te complementa, se aman, se apoyan, tienen buena comunicación, existe respeto mutuo, hay flexibilidad, puedes negociar con ella, apoya tu crecimiento, respeta igual que tú las diferencias (ni tú ni ella tratan de amoldar al otro a lo que quieren que sea); disfrutan la unión, respetan la necesidad de tiempo personal, caminan juntos en la vida, buscan metas similares, no dejan morir la pasión, los dos son espontáneos, tienen atenciones, demuestran lo que sienten, no le temen a pedir disculpas, pueden aceptar sus errores, no existen falsedades entre ustedes (una que otra mentira blanca se puede aceptar), quieren superarse, creen en el sacrificio, comparten una fe común, confían en el futuro, han dejado al pasado atrás, los dos manejan su temperamento correctamente, no se hieren a propósito.

SOLUCIONES

1. El noviazgo tiene que ser un proceso cuidadoso y largo, de no menos de un año y medio de duración. Sólo así es posible conocer a fondo a nuestra futura pareja. Mientras más la conocemos, menos sorpresas nos llevamos; y un noviazgo lo suficientemente largo nos permite saber si el otro es realmente la persona con quien deseamos y podemos compartir nuestra vida. Es igual que comprar un libro: lo adquirimos no sólo porque tiene una portada bonita: primero tenemos que revisarlo, leer su índice y algunas páginas, y después decidir si es el libro que deseamos leer. No lo compres sólo por su apariencia. "Las apariencias engañan".

2. Sana lo que aún esté sin sanar de tu pasado; las heridas que hay que cerrar pueden haber sido causadas por tus padres, hermanos, parejas anteriores o, desde luego, por ti mismo. Las heridas abiertas del ayer distorsionan tu percepción de las cosas, tu integridad y tu capacidad de ser objetivo en tu nueva relación. Esto duele y es muy difícil. Cuando finalmente dejas atrás a los fantasmas del pasado, puedes vivir con mucha más paz y tranquilidad.

3. Aprender a perdonar es esencial. Dejar atrás las heridas del pasado nos libera, nos permite vivir un presente mejor y, por lo mismo, asegurar un futuro tranquilo. Nuestra negativa a perdonar nos hace prisioneros del pasado y roba nuestro futuro, ya que arrastramos el pasado al presente. El perdón suele ser difícil, porque muchos pensamos que perdonar significa olvidar, fingir que el daño que nos hicieron no sucedió, y exonerar a la otra persona de su responsabilidad.

4. Enfrenta tus miedos y necesidades, los huecos emocionales que cargas. Identifícalos para que los puedas llenar TÚ, y no para que otra persona lo haga por ti. El que depende de otra persona para sentirse completo, es codependiente. ¿Quieres siempre depender de alguien más para sentirte completo? Esto es como una adicción.

Pregúntate de qué te sirve permanecer en una relación negativa, dolorosa, violenta. ¿Qué ganas, qué provecho sacas de ella? ¿Lástima? ¿Atención? ¿Soledad? ¿La aprobación de la sociedad? ¿Librarte del temor al qué dirán? ¿El dudoso bienestar de tus hijos? Luego pregúntate si realmente vale la pena el sacrificio, y si tú vales tan poco que no tienes derecho a ser feliz.

En relación con la idea de que un clavo saca a otro clavo, tú no eres carpintero. Un clavo no saca a otro clavo. Un clavo incrusta más profundamente el dolor y el sufrimiento. Aprende a quererte a ti, ante todo.

Para mantener una buena relación con tu pareja, las siguientes son recomendaciones de lo que NO se debe hacer:

1. No gritarse el uno al otro, porque así, fatalmente, apagamos la comunicación.
2. No ignorarse. La ley del hielo sólo sirve para congelar la relación hasta el punto de extinguirla.
3. No hables todo el tiempo, aprende a escuchar. Muchas personas sólo se oyen a sí mismas, y sólo hablan de sí mismas, aun cuando su pareja expresa la necesidad de compartir un problema. Por ejemplo, la esposa le comenta a su esposo:

—Mi amor, necesito un consejo. Fíjate que mi hermana no está enviándole a mamá el dinero mensual que todos quedamos en enviarle. No sé qué sucede con ella, está cambiando mucho.

Responde el esposo:

—No sé qué decirte; mi hermano está cambiando también. Ya no me llama, no me visita, no deja que sus hijos vengan a jugar con los nuestros. No sé qué es lo que sucede.

La esposa vuelve a tratar de establecer la comunicación:

—¿Crees que deba llamar a mi hermana y preguntarle que está sucediendo?

Responde el esposo:

—¿Llamarla? Cómo quisiera yo que las cosas se resolvieran con sólo llamar. Cada vez que llamo a mi hermano, su esposa me dice que no está...

La buena comunicación no consiste sólo en saber hablar, sino, sobre todo, en saber escuchar.

4. No supongas ni interpretes de antemano lo que tu pareja está tratando de decir. Cuando incurres en este error, no haces más que imponer tu propia realidad, la cual puede diferir completamente de lo que está sucediendo. Si no comprendes o no sabes algo, PREGUNTA

5. No expreses tu malestar con lenguaje corporal; habla con la boca y piensa con el cerebro.

6. No te permitas cargar basura del pasado, pues afectará tu presente. Libérate de tu pasado (con más detalles, te explicaré cómo en el próximo capítulo).

7. No uses los errores del pasado para atacar a tu pareja. Lo pasado, pasado está.

8. Evita las competencias por el poder; nadie gana y ambos pierden.

9. No te conviertas en víctima. Ninguna víctima es atractiva.

Si deseas una mejor relación con tu pareja, pon en práctica los siguientes consejos:

1. Cuando existan temas difíciles de discutir, hazlo en privado, no enfrente de amigos, hijos, familiares o extraños.

2. Habla y escucha, y luego escucha y habla.

3. Piensa en las palabras que utilizas; no lances pedradas verbales ni utilices la verdad para herir.

4. No involucres a tus hijos como terceras personas entre tú y tu pareja. Los problemas de pareja son sólo entre dos: tu pareja y tú.

5. Comunícate en forma simple y sin rodeos. Habla del problema actual y no de lo que pasó 20 años atrás.

6. Ten detalles con tu pareja. Llámale durante el día sólo para decirle que estabas pensando en él(ella). Déjale notas cariñosas en la cocina, en su almohada o en la bolsa del pantalón.

7. Aprende a disculparte por tus errores.

8. Siempre sé cortés y respetuoso, aun cuando tu pareja sea de lo más descortés.

9. Aprende a negociar. Negociar implica que ambos sacrifican algo, para ganar mucho más.

Yo aprendí a negociar en Tijuana. Recuerdo que hace muchos años, Tijuana era conocida por vender abrigos de piel a muy buen precio. Muchas personas viajaban a esta ciudad los fines de semana, con el fin de adquirir un abrigo fino. Un amigo me pidió entonces que lo acompañara a comprarse uno; pretendía adquirirlo a 250 pesos. Al llegar a Tijuana, el vendedor le pidió 1000 pesos. Mi amigo le ofreció 250. El vendedor rebajó el precio a 950. Mi amigo le ofreció 300. El vendedor le pidió 800. Mi amigo le ofreció 400. El vendedor bajó su precio a 600. Después de mucha negociación, mi amigo pagó 500 pesos por el abrigo. Ni mi amigo pudo comprarlo a 250 pesos, ni el vendedor pudo venderlo a 1000 pesos. Ambos sacrificaron, pero los dos ganaron, porque mi amigo regresó a su casa con su abrigo de piel, y el vendedor se llevó a la suya 500 pesos. Esto es negociar: el sacrificio de ambos por una ganancia mayor.

EJERCICIO 2

¿Eres codependiente? A continuación encontrarás una lista de los síntomas de la codependencia. Con honestidad, coloca una marca (✓) junto a cada frase con la que te identifiques.

☐ Muchas veces no tengo la capacidad de saber lo que es normal.

☐ Termino con relaciones sólo para iniciar otras que tampoco funcionan.

☐ Soy rígido(a) y necesito controlar.

☐ Me siento seguro(a) y más cómodo(a) cuando doy y hago cosas por los demás.

☐ Me siento confundido e incapaz.

☐ Confundo el amor con la lástima.

☐ No puedo aceptar la crítica.

☐ Me siento responsable de otras personas, y esto incluye sus acciones, sentimientos y deseos.

☐ No termino la mayoría de los proyectos que comienzo.

☐ Siento que tengo el deber de ayudar a otras personas a que resuelvan sus problemas.

☐ Se me dificulta divertirme.

☐ Me siento diferente de los demás.

☐ Cuando alguien me da algo, o hace algo por mí, me siento inseguro(a) y hasta culpable.

☐ Miento, aun cuando es más fácil decir la verdad.

☐ Me enojo con más facilidad por las injusticias que se cometen contra las demás personas que por las injusticias que me hacen a mí.

☐ No reacciono bien al cambio.

☐ Mi autoestima es baja.

☐ Es muy difícil entablar y mantener relaciones duraderas con otras personas.

☐ Me falta confianza en las decisiones que tomo.

☐ Cuando estoy enamorado(a), pierdo todo interés en mí y sólo pienso en la otra persona.

☐ Si no tengo a alguien por quien preocuparme, o a quien cuidar, me siento culpable y vacío(a).

☐ Mantengo relaciones negativas y dañinas, con tal de sentirme querido(a).

☐ Me resulta muy difícil rechazar a alguien, o decirle: "No".

☐ Las personas que llegan a mi vida tienen grandes necesidades que nadie ha satisfecho.

☐ Sin mi pareja, mi vida no tiene sentido.

Si encuentras que muchas de las frases utilizadas en la lista anterior te describen a ti, posiblemente eres una persona codependiente. La codependencia es una necesidad obsesiva de afecto, cariño, aceptación, reconocimiento, atención y afirmación. La codependencia es el resultado de la negligencia de muchos padres, que no satisfacen las necesidades básicas de sus hijos: alimento emocional, aprecio y protección.

La enorme necesidad de ser rescatado de la profunda soledad y el vacío que lo caracterizan, hace que el codependiente busque desesperadamente a personas que lo utilicen. Las personas que se sienten atraídas a los codependientes, también requieren que sus necesidades sean satisfechas, aunque no suelen mostrar conside-

ración alguna por los sentimientos o necesidades de los demás.
Para romper este ciclo dañino, la persona codependiente debe dar
prioridad a sus propias necesidades e intereses.

Haz una lista de las cosas que necesitas hacer o tener, para
portarte bien contigo mismo(a), para llenar tus propias necesidades, para quererte a ti mismo, para apreciar tus virtudes y disfrutar de la vida. Luego que tengas esa lista, proponte seguir cada
uno de los puntos al pie de la letra.

Detente un poco a observar y a analizar a las personas con
quienes te has relacionado, y a las que te rodean. Evalúa si esas
personas están realmente interesadas en tu bienestar y tu prosperidad, como tú estás interesado(a) en el bienestar y la prosperidad
de ellos. Si encuentras que algunas de esas personas no te corres-
ponden de igual forma, entonces es necesario que te distancies de
ellas, hasta que puedas tener más control sobre tu vida.

Aprende a decir "No". Poder decir esa breve palabra te permite
definir tus límites, y hace posible que otras personas te respeten.
Decir "No" es fácil; sólo tienes que atreverte a hacerlo la primera
vez. Evita esconderte de otras personas, o huir de situaciones em-
barazosas, en lugar de simplemente decir: "No". Enfrenta tus miedos, define tus límites, y haz un principio de conducta, un valor,
el respeto a ti mismo y a los demás.

Una de tus principales metas debe ser disfrutar de tu vida lo
más posible. Incrementa tu grupo de apoyo, disfruta ser soltero(a),
fomenta tus intereses, practica tus pasiones. Acepta que cada persona es responsable de su propia vida; tú sólo eres responsable de
la tuya. Si notas que hay personas que se acercan a ti buscando
que les resuelvas sus problemas, entrégales herramientas y no soluciones. Dirígelos a agencias u organizaciones que les puedan
ayudar. Coméntales de seminarios o talleres donde los puedan aten-
der, proporciónales números telefónicos en los que puedan obtener
información, pero no les resuelvas sus problemas. Evalúa cada
relación que tengas. Las negativas no necesitan estar en tu vida.
Identifica qué tipo de persona realmente deseas ser. Haz una lista de: las cualidades que deseas poseer, las actitudes que quieres
desarrollar, las ideas que puedes hacer tuyas, y comienza a trabajar en la realización de estas nuevas posibilidades y opciones en
tu vida. Si te resulta difícil hacerlo solo(a), busca ayuda profesio-

nal. Existen grupos de apoyo muy eficaces para ayudar a resolver la codependencia. Busca e infórmate sobre los que hay en tu ciudad. Además, puedes buscar ayuda profesional individual. Del mismo modo, puedes buscar literatura que te ayude a dejar de ser codependiente.

⧈ ⧈ ⧈

> **Las relaciones interpersonales
> son como la tierra fértil:
> en ellas nacen el amor, la pasión y el éxito;
> en esta tierra nace y brota la vida verdadera.**

capítulo 10

Cómo dejar atrás
la basura del pasado

Cuando estamos cargados de basura del pasado, se hace muy difícil, o muchas veces imposible, hacer las cosas que necesitamos hacer; esto incluye la posibilidad de mantener una buena relación con nuestra pareja. Las viejas heridas emocionales, si no son desechadas, se interponen entre nosotros y nuestro ser amado, impidiendo que podamos jugar, disfrutar, explorar, amar o comunicarnos. El perdón es una necesidad.

Nadie está libre de heridas emocionales, frustraciones, decepciones, penas de amor, traiciones, conflictos de pareja, problemas familiares o dificultades con amigos o compañeros de trabajo. Todas estas situaciones frecuentemente dejan más heridas en nuestros corazones, heridas que deben ser atendidas, tratadas y, al cabo, perdonadas. Para comprender qué importante es el perdón, debemos imaginarnos cómo sería un mundo sin él. Estaríamos condenados a vivir por siempre con todo el daño y el dolor que nos han causado. Cuando nos hieren, tenemos la tendencia a imitar al agresor, como si un virus contagioso nos hubiese infectado: ojo por ojo. Quien ha sido maltratado, determina no ser maltratado más, y asume una posición defensiva que lo mueve a percibir a los otros con desconfianza.

Vivir sin perdonar es condenarse a vivir en un estado de incomodidad e irritabilidad que, desde luego, no sólo revela la falta de sentido de nuestra tendencia a protegernos y a aislarnos, sino que traiciona nuestro deseo de buscar siempre el bien; además, esta condición de irritabilidad exige mucha energía y nos mantiene bajo constante tensión. Como resultado, crecen el resentimiento y la hostilidad ante cualquier ataque, real o imaginario, llenándonos de coraje. El coraje es una ocupación de tiempo completo; nos consume y nos destroza.

La persona que no logra o no quiere perdonar, vive aferrado al pasado y no puede vivir el momento presente. Esto es una condena que malogra y destruye el presente, bloqueando fatalmente el futuro. Cuando no se perdona, la vida se paraliza. El recuerdo del pasado nos llena del sufrimiento causado por acontecimientos que ya no existen. Esto hace que el momento presente pase sin felicidad, sin propósito ni pasión. Como resultado, perdemos el futuro. Una vida sin perdón es una vida sin presente y sin futuro, y llena sólo de sentimientos vengativos.

No intentar vengarse es el primer paso importante y decisivo cuando emprendemos el camino hacia el perdón. Dejar atrás la basura del pasado (o perdonar), no significa olvidar; nunca olvidamos. ¿Cuántas veces se ha dicho la frase: "No puedo perdonar, porque no puedo olvidar"? O tal vez: "¿Por qué no puedo olvidar, si ya lo perdoné?" Nada de esto funciona, ya que el perdón y el olvido son cosas totalmente diferentes. ¿Cuándo fue la última vez que alguna persona te hizo daño y lo olvidaste por completo? Nunca.

Muchas personas se engañan a sí mismas diciendo: "Cuando me lo proponga, voy a olvidar todo". Otras dicen: "A mí nadie me roba mi paz, sólo basta que me lo proponga". Estos pensamientos erróneos los expresa un cerebro que trata de justificar su incapacidad para olvidar; el corazón no funciona de esa forma. Esta manera equivocada de pensar muchas veces sirve para calmar la ansiedad causada por el daño, pero no cura la causa o la raíz del problema.

Para perdonar, tenemos que poner en acción nuestra sensibilidad, nuestra inteligencia, nuestra imaginación, nuestra autoestima, nuestro juicio, nuestra determinación y nuestra fe. Perdonar sólo sucede cuando tomamos la decisión adulta y firme de hacerlo. Obviamente, no es una obligación sino una opción. Muchas personas no desean perdonar porque creen que, al hacerlo, eximen a la persona causante del daño de toda culpa y de toda responsabilidad. Esto no es cierto. El perdón, aunque es también un acto de generosidad, es principalmente una auto-liberación; significa deshacernos del dolor que hemos cargado por tantos años, y regresarle la responsabilidad de él a la persona que lo causó. La responsabilidad es de él(ella), y no de nosotros. Sin embargo, muchos cargamos innecesariamente esos sentimientos de por vida. El perdón es poder: un poder que enaltece y fortalece a la persona que ha sufrido, y que debilita a aquel que causó el daño. La incapacidad de perdonar es señal de inseguridad y resentimiento.

Perdonar significa dar en plenitud: es un acto de respeto y de amor propio; es llenar el corazón y el alma de amor, y disipar el resentimiento o los sentimientos de enojo o dolor. Perdón implica amor, no venganza. El perdón crea y define una nueva visión de la relación. Donde antes existió una relación de tensión y competencia, de resentimiento y distancia, ahora puede existir una relación pacífica y, tal vez, de reconciliación. Perdonar no es olvidar, sino la búsqueda de una nueva opción, de un futuro mejor; es redefinir la función y el contexto. Pero hay que trabajar mucho en la nueva relación, ya que en ésta subsisten áreas sensibles.

Perdonar significa liberarnos de la carga de negatividad y dolor que nos impuso otra persona. Perdonar es recuperar la paz y la tranquilidad de espíritu, es deshacernos de ese peso insoportable que hemos arrastrado por tanto tiempo. Perdonar es recuperar la alegría de vivir y la libertad. El primer paso implica tener la disposición de perdonar cuando estamos conscientes de que no hacerlo nos causará sufrimiento. El perdón es para nosotros; así que no debemos esperar que, al perdonarla, la otra persona cambie y acepte sus errores. Perdonamos para no llevar la carga del pasado con nosotros. Al hacerlo, recobramos plenamente nuestro amor propio y la tranquilidad emocional.

Es muy difícil perdonar cuando nos sentimos impulsados a utilizar el pasado como un arma en contra de la otra persona; esto nos da fuerzas. Castigamos con la falta del perdón al culpable de nuestra infelicidad; sin embargo, nos castigamos más a nosotros mismos, ya que somos los que estamos cargando el sufrimiento. Al no perdonar, nos volvemos víctimas de nosotros mismos. Por lo general, nuestra actitud de víctima logra que otras personas nos pongan atención. Si tenemos hambre de cariño y atención, adoptar el papel de víctima atrae hacia nosotros la atención negativa que nos sirve para sentirnos importantes. Muchas veces, no perdonar es lo único que nos ata a la otra persona. Si la persona que nos dañó fue nuestro hermano, el resentimiento hace que establezcamos una relación negativa con él; no perdonar es venganza y miedo, y éste hace imposible que perdonemos. Creemos que si le seguimos recordando a la otra persona el daño que nos hizo, no lo volverá a hacer.

◧ ◧ ◧

EJERCICIO 1

Si deseas perdonar, recuerda un momento en que te hayas enojado. Recuerda cómo se sintió. Cierra tus ojos, respira profundo, relájate y pregúntate: "¿Qué puedo ver debajo de mi enojo? ¿Miedo? ¿Tristeza? ¿Inseguridad? ¿Desamparo? ¿Impotencia? ¿Desilusión? ¿Me siento herido o abandonado?" Mira más profundamente aún. ¿Qué hay debajo de ese miedo, de esa desilusión o tristeza? ¿Será una demanda íntima de atención? ¿Una necesidad de respeto y de amor?

Recuerda a alguna persona con la que tengas dificultad para relacionarte. Piensa en algo que desees recibir de ella: amor, afecto, aprobación, consideración. Imagínate que estás con esa persona. Relájate. Respira hondo.

Dile lo que deseas. Por ejemplo: "Lo que necesito de ti es _____ ". Haz una lista de todo lo que necesitas, hasta que agotes todas las posibilidades. Por último, llénate de fuerzas y energías, y di: "Ya no espero ni exijo de ti lo que está en esta lista. YO SOLO ME LO PUEDO DAR". Todo lo que necesitas para ser feliz, TÚ te lo puedes dar.

EJERCICIO 2

Hay diferentes formas de perdonar. Claro que la más práctica consiste en enfrentar directamente a la persona y expresarle lo que sentimos y lo que nos hizo sentir. Finalmente, le otorgamos el perdón. El error de muchas personas que perdonan es que, al hacerlo, esperan que la persona que los dañó acepte la responsabilidad del daño y pida perdón; por lo general, esto no sucede. Por lo tanto, si optas por enfrentar a la persona que te causó el daño, no esperes que reconozca su error; sólo expresa lo que tengas que expresar, sin acusaciones y sin juzgar; ya que termines, da la vuelta y aléjate de la situación. Así no te expones a ser dañado por lo que la otra persona pueda o no hacer.

Si no tienes el deseo o el valor de enfrentar a la persona directamente, puedes perdonarla por medio de una carta. Escríbele todo lo que has sentido y sufrido por los daños que te causó. Nuevamente, no juzgues, no señales, no critiques. Simplemente escribe una carta desde tu punto de vista: "Yo deseaba", "Yo quería", "Yo sentí". Luego que escribas tu carta, guárdala por una semana. Después vuelve a tomarla y léela. Si encuentras algo que quieres añadir o quitar, hazlo. Una vez que la carta quede justo como lo deseas, tienes varias opciones.

Ante todo, puedes ir a donde está la persona y leérsela. Luego que termines, te das la vuelta y te retiras sin esperar respuesta. Otra opción es que se la envíes por correo. Claro que si no sabes dónde vive y no deseas tener un enfrentamiento directo, o si la persona ya falleció, la mejor opción es perdonar en forma simbólica. Aquí también tienes alternativas.

Una es buscar un lugar tranquilo donde nadie te moleste. Pon frente a ti una silla vacía e imagina que en ella está sentada la persona que te hizo daño. Abre tu carta y, con firmeza léela en voz alta; si no deseas utilizar la silla, simplemente léesela en voz alta al viento. En seguida tienes otras dos opciones.

La primera es buscar un receptáculo de metal y fósforos, o un encendedor. Luego pon la carta ya leída en el receptáculo y préndele fuego. Conforme la carta se va consumiendo junto con todo su contenido, te repites a ti mismo(a): "Todo este dolor no es mío, no me pertenece; ya lo dejé ir". Continúa repitiendo esta frase hasta que la carta ya no exista.

La segunda opción es comprar un globo de gas helio, el cual vas a tener a tu lado. Cuando hayas terminado de leer tu carta al viento, asegúrate de que no la firmaste. Luego átala al globo y déjala ir. Mira el globo hasta que lo pierdas completamente de vista. Mientras ves cómo se va alejando de ti con la carta y el contenido de ésta, repite muchas veces la misma frase: "Todo este dolor no es mío, no me pertenece; ya lo dejé ir". Finalizas diciendo: "Yo me perdono a mí mismo(a) por haber cargado todos estos sentimientos negativos que no eran míos ni me pertenecían".

Sea cual fuere la opción que elijas para llevar a cabo tu rito del perdón, una vez concluido éste no vas a permitir que pensamientos negativos relacionados con lo que has perdonado, vuelvan a entrar a tu mente. Si esto ocurre, inmediatamente repites en tu interior: "Todo este dolor no es mío, no me pertenece; ya lo dejé ir". De este modo lograrás dejar atrás toda la basura del pasado.

EJERCICIO 3. PARA EL PERDÓN ESCUCHA EL CD

Nuevamente hagamos un ejercicio de visualización. Pide a las personas que viven contigo que no te molesten hasta que hayas terminado este ejercicio. Busca un lugar donde puedas estar cómodo: una cama, el piso o un sillón.

Practiquemos la respiración de la paz: inhala por la nariz durante siete segundos, detén tu respiración por tres segundos y exhala suavemente por la boca durante siete segundos.

Al exhalar, imagina que estás tratando de apagar suavemente una vela frente a ti, permitiendo que el aire salga poco a poco de tus pulmones.

Inhala profundamente por tu nariz, llenando tus pulmones de aire por siete segundos, 1, 2, 3, 4, 5, 6, 7. Detén tu respiración por tres segundos, uno... dos... tres; y ahora exhala lentamente por tus labios por siete segundos, 1, 2, 3, 4, 5, 6, 7.

Vuelve a respirar profundamente, llenando tus pulmones de aire y tu cuerpo de relajación.

Detén tu respiración por tres segundos, uno... dos... tres. Exhala. Con cada exhalación profundizas tu tranquilidad y te relajas más.

De nuevo inhala, 1, 2, 3, 4, 5, 6, 7.

Detén tu respiración, uno... dos... tres.

Y ahora exhala suavemente por siete segundos, cada vez más relajado(a), cada vez más en paz.

Toma la decisión en este momento de relajar tu respiración aún más, hazla más ligera, más lenta y menos profunda.

De la misma forma en que has relajado tu respiración, vas a ir relajando cada parte de tu cuerpo. Una por una, llevando tu cuerpo a un profundo estado de tranquilidad y relajación.

Relajando tu cabeza y tu frente, asegurándote que tu frente no esté fruncida.

Relajando también tus cejas y tus párpados.

Sintiendo tus párpados sumamente pesados.

Relajando tus pómulos, tu nariz y tus labios.

Permitiendo que tus dientes se separen un poquito y que tus labios también se separen.

Abriendo tu boca levemente.

Relajando tu mandíbula y tu cuello, al igual que la parte posterior de tu cabeza y de tu cuello.

Dejando caer tus hombros, sintiendo lo ligero que se sienten en este momento.

Relajando tu pecho y tu respiración, aflojando tus brazos, tus manos y cada uno de los dedos de tus manos.

Si centras tu atención en los dedos de tus manos, tal vez sientas un ligero cosquilleo en las puntas, lo cual es señal de la relajación que sientes en este momento.

Relajando el área de tu abdomen, tu cintura y tus caderas, tus glúteos y tus muslos, y luego tus piernas y tobillos...

Relajando tus pies y los dedos de tus pies, relajando completamente las plantas de tus pies, sintiéndote profundamente relajado(a).

Con cada inhalación, llenas tu cuerpo de tranquilidad y paz. Y con cada exhalación, dejas salir cualquier tensión, ansiedad o estrés que lleves contigo.

Imagina una preciosa escalinata. Créala del color que más te agrade y de la forma que más te plazca. Visualiza que estás descendiendo por esta escalera imaginaria, escalón por escalón, peldaño a peldaño.

Tiene veinte escalones.

Con cada escalón que desciendas, te sientes más y más relajado(a).

Cuando llegues al escalón número 1, estarás completamente relajado(a) y en paz. Tu cuerpo se sentirá pesado y profundamente relajado. Tu mente estará profundamente relajada.

Bajando al 19, 18, 17... Cada vez más y más relajado(a), 16, 15, 14..., acercándote al 1, relajándote cada vez más profundamente..., 13, 12, 11. En paz, tranquilo(a), 10, 9, 8... Tu cuerpo más relajado y más pesado. Y tu mente relajándose profundamente, casi llegando al 1...

7, 6, 5. Plenamente relajado(a),

4, 3, 2 y 1. Cuando llegues al 1, estarás completamente relajado(a).

UNO.

Completamente relajado(a). Profundamente relajado(a).

Ahora toma la decisión de relajar más aún tu respiración.

Piensa que estás en tu lugar imaginario o real, ese lugar especial donde has estado o quisieras estar.

Este lugar te agrada.

Ya que estés tranquilo(a) en ese lugar, visualiza a tu izquierda dos sillas, colocadas una frente a la otra.

Una de esas sillas es tuya.

Diséñala como gustes, con el color que gustes; es tuya.

La otra es para esa persona que te ha causado algún daño y a quien vas a perdonar el día de hoy.

Lentamente comienza a caminar hacia tu silla.

Según vas caminando, sientes la suavidad de tus pisadas, y la caricia del viento en tu rostro.

Cada vez que sientas el soplo del viento en tu rostro, te vas sintiendo mucho más relajado(a).

Caminas hasta que llegas a tu silla.

La tocas y se siente suave. Te sientes bien.

Siéntate en tu silla y disfruta de la comodidad que ésta te brinda.

Estás en tu silla, tranquilo(a) y en paz.

En unos momentos más, esa persona que te ha causado algún daño y a quien necesitas perdonar, va a llegar hasta donde estás tú y se va a sentar en la silla que está frente a la tuya.

Vas a contar hasta 3, y en seguida esa persona aparecerá y comenzará a caminar hacia su silla.

Y tú seguirás en paz y completamente tranquilo(a), ya que estás en ese lugar de paz que es tuyo y de nadie más.

Y sólo tú estás en control.

Uno. Tranquilo(a) y en paz.

Dos. Cada vez más profundamente relajado(a), sintiendo el viento soplar sobre tu rostro.

Y tres.

La persona comienza a caminar hacia su silla.

La puedes ver y te sientes bien.

Tú te sientes perfectamente bien, perfectamente relajado(a) y tranquilo(a).

La persona llega hasta su silla.

Ahora esta persona se sienta y espera que le digas tus motivos para traerla hasta ese lugar.

Toma tu tiempo para que, sin interrupciones, le puedas decir todo el daño que te hizo.

Comienza a decirle todo lo que tengas que decirle.

Y según se lo vas diciendo, sigues en control y sintiéndote completamente tranquilo(a).

Ya que hayas terminado, le dices a esa persona: "A pesar de todo lo que te acabo de decir, y de todo el daño que me hiciste, YO te perdono. Y también me perdono a mí mismo(a) por haber cargado todo este dolor por tanto tiempo. Todo esto que he cargado no es mío. No me pertenece".

En este momento visualiza que esta persona te pide perdón.

Puedes escuchar su voz pidiéndote perdón de un modo sincero y honesto.

Al escucharlo, te sientes bien, en paz y aliviado(a) del peso que has cargado por tanto tiempo.

Sigues perfectamente tranquilo(a) y en paz.

Vuelves a sentir el viento soplando sobre tu rostro, y te relajas aún más.

Ahora, imagínate que del pecho de esa persona salen varios listones.

Y estos listones tocan tu pecho.

Estos listones representan todo lo negativo y el daño que esta persona te ha causado.

Imagina que los ves con mucha claridad.

Debajo de tu silla hay unas tijeras.

Tómalas y corta cada uno de esos listones que te han atado a esa persona.

Con cada listón que cortes, te vas liberando más y más de esas cosas negativas y del daño que te puedan haber causado.

Te liberas de los listones que te han atado a esa persona.

Los cortas uno a uno, sintiéndote más liviano(a) y ligero(a), tranquilo y en paz,

hasta que ya no quede ningún listón que te conecte a esa persona.

Ya te has desconectado de toda esa negatividad.

Ya has escuchado que te pidieron perdón.

De corazón, perdona a esa persona.

Déjala ir.

Cuenta lentamente hasta tres.

Cuando llegues a tres, vas a dejar que esa persona se levante de su silla y se vaya.

1, 2 y 3.

Ya que estés solo(a), siente la paz que ahora llena tu corazón.

Estás libre de dolor y resentimientos.

Libre de tristezas.

Libre de esa carga que nunca fue tuya, pero que cargaste por tanto tiempo.

Respira profundo nuevamente.

Vas a contar del 1 al 5.

Con cada número que cuentes, vas a sentirte más alerta, más en paz y libre de dolor.

1. Alerta a las sensaciones de tu cuerpo.
2. Consciente del lugar donde estás ahora.

3. Te sientes más tranquilo y en paz.
4. Alerta y motivado(a).
5. Abre tus ojos. Te sientes perfectamente bien, alerta, motivado(a) y en paz.

◙ ◙ ◙

El perdón es un pájaro extendiendo sus alas,
sin límites, sin cadenas; lejos del ayer
y rumbo al mañana.

capítulo 11

Conclusión

No muchas cosas son fáciles de lograr en la vida. Enfrentarnos a monstruos de todo tipo suele ser algo muy complicado y peligroso. Lo más importante es que tú, como ser humano, estés bien. Es importante que logres tu felicidad, que encuentres caminos por caminar, nuevas lecciones que aprender, que vislumbres bendiciones por recibir y las metas por cumplir. Tú eres el arquitecto de tu vida. Sólo tú (con la ayuda de tu fe, si es que te atreves a tenerla) sabes lo que deseas en este breve viaje llamado vida. ¿Dónde vas, dónde quieres ir? Depende de ti. Tú decides; nadie más.

Lo importante es que tienes un corazón que te ayuda a sentir, planear, diseñar, amar y vivir. Cada ser humano ha recibido la bendición de nacer con este corazón. Como el cofre de un tesoro, el corazón está siempre lleno de riquezas, opciones, posibilidades, dulzuras, alegrías, optimismo, fe, esperanza y amor. ¿Te has dado cuenta del tuyo? ¿Has llegado a ponerte en contacto con tu corazón, con todo ese tesoro de joyas que llevas dentro de él?

El corazón es un semillero, listo para surtir el cultivo de todas las riquezas que tú posees en él, de todos los talentos, capacidades, destrezas y potencialidades. El corazón es un agricultor que continuamente te ayuda a crecer, nutriéndote y abonándote; acompañándote desde el primer día de tu vida hasta el último. Con cada latido: vida. Con cada latido: posibilidades.

El corazón es un abrigo calientito y suave que te protege de situaciones difíciles y adversas. Te da tranquilidad, y esa sensación tan reconfortante que experimentas al sentirte abrigado y protegido. El corazón es tu voz, la cual expresa tus sentimientos preciosos y ricos en emociones; es la voz que grita desesperadamente, o la voz que tranquiliza en momentos de confusión, que calma con su tono melódico y lleno de amor. El corazón es tu mano firme e incondicional, la mano que alcanza a tocar el corazón de otras personas, llenándolas de esperanza, amistad, fe, compañía y apoyo: de amor.

El corazón es un impresor que continuamente deja mensajes en las vidas de todas aquellas personas que se atreven a acercarse a ti. Lo hace en forma de huellas eternas, profundas, sinceras y desbordantes de amor. Huellas que durarán toda una eternidad, simple y sencillamente porque las dejaste tú.

Si así es el corazón..., entonces te entrego el mío con la esperanza de dejar siquiera una huella en tu vida, por pequeña que sea, con la fe de que esta marca cree algún cambio positivo en ti.

Busca dentro, muy dentro, debajo de los errores y fracasos, debajo de las fallas y debilidades. Viaja internamente hacia el centro de tu corazón, hasta ese lugar donde el alma está desnuda, donde el espíritu gira todavía en un baile eterno cubierto de un velo blanco. Busca dentro, muy dentro, debajo de los ayeres. Viaja hacia donde el corazón está feliz y es nuevo, donde hacemos nidos de amor, esperando renacer; donde las mañanas son esperadas con ansia. Ahí estás vivo(a), ahí cantas.

Siempre que te sientas solo(a), cuando sientas frío, todo lo que necesitas hacer es buscar dentro, muy dentro de ti, y ahí estarás por toda la eternidad.

Bibliografía

Goldenberg, I. & Goldenberg, H. (1985), *Family Therapy: an Overview,* California: Brook/Cole.

Jackson, D.D. (1965), "The Study of the Family", *Family Process,* 4, 1-20.

López-Navarro, Eduardo L. (2002), *Especialmente para ti: Afirmaciones para alimentar el alma.* California. Edición de autor.